自分史上、最高にうまい

人生を変える
野菜料理

Shun

JN212288

ORANGEPAGE

フードクリエイター
Shun について

おいしい野菜料理が、
人生を変えるきっかけになる。

小学生のころから、家族のために食事の準備をしていました。
仕事で忙しかった両親に喜んでもらえることがうれしくて
夢中になって作った記憶があります。
シェフの道をあきらめ、挫折を経験して
料理が嫌いになりかけていたときには
母が作ってくれた、何でもない料理がしみじみおいしく感じられて
「ごはんがおいしいって、この瞬間こそが幸せなんだな」
と、あらためて気がつきました。

僕が発信したいのはそんな、
日常に隠れた幸せに気づくきっかけ。
いつもの野菜で簡単に作れるのに、心が満たされる幸せに。
旬の野菜をおいしくいただくことで
四季があり、食が豊かな日本に生まれた幸せに――。
「人生を変える」なんて大げさだと思われるかもしれませんが、
これは僕自身の経験です。

野菜を
おいしく食べるための
5カ条

1

旬を逃がさない

旬の野菜は栄養価が高く、
価格が安くていいことずくめ。
そして何より、おいしい。
素材本来の味や食感を
存分に楽しめるのが旬です。
日本の四季と食の豊かさを
もっとも身近に感じられるのが
旬の食材ではないでしょうか。
僕は新鮮な旬の野菜を
手に入れるために、
できるだけ青果店や直売所で
買うことにしています。

2

調理法を工夫する

食材の味わいは、
調理法で大きく印象が変わります。
たまには、トマトを焼いてみたり、
春菊やマッシュルームは
生のままサラダにしてみたり。
ごぼうや里いもなどの根菜は
煮るだけでなく
揚げるとグッと甘くなります。
いつも食べている野菜でも、
いつもと違う食べ方をしてみたら
きっと新たな発見があるはず。

3

シンプルな味つけを恐れない

野菜本来の味わいを楽しむために、
できるだけシンプルな
味つけを心がけています。
ものたりないと感じるのを恐れて
つい味が濃くなってしまいがちだけれど、
野菜に塩とオイルだけ、
そんな味つけに慣れると
野菜そのものの
甘みやうまみが際立つのを
感じられるようになります。

4

うまみのバランスが大事

味つけと同じくらい大切なのが、
うまみのバランス。
だし汁で育った僕たち日本人の舌は、
うまみにとても敏感です。
野菜だけでものたりないときは、
ほんの少し、うまみのある
食材をプラスして
野菜の魅力を引き出します。
ただし、うまみ食材に頼りすぎると
野菜の味が消えてしまうので、
バランスを身につけて。

5

色を楽しむ

野菜には、
それぞれ個性豊かな色があります。
色とりどりの野菜を使うことで、
見た目の美しさはもちろん、
栄養バランスもアップします。
パプリカの赤、ブロッコリーの緑、
なすの紫、にんじんのオレンジ……
絵を描くように素材の色を
組み合わせて楽しめるのも
野菜料理の醍醐味です。

目次

2 フードクリエイターShunについて
4 野菜をおいしく食べるための5カ条
12 料理名INDEX
14 Shunのレシピに欠かせない調味料と食材

Shunのとっておきメニュー

16 ロール白菜
18 トマトと春菊のすき焼き
20 ブロッコリーとカリカリちりめんのソテー
22 蒸しなすのグラタン仕立て
24 かぶのアンチョビーバター焼き
26 新玉ねぎのスープ
28 焼き桃
30 グレープフルーツと生ハムのサラダ
32 心を満たす 食材の合わせ方

34 春の野菜

36 新じゃがとアスパラのカマンベールバター煮
38 アスパラのソテー カリカリベーコンとかつお節
39 アスパラのソテー クリームチーズ添え
40 新じゃがいもとしば漬けタルタル
40 菜の花としば漬けのクリチポテサラ
42 焼きたけのこのバーニャカウダ
43 たけのこラー油
44 春キャベツのステーキ
45 春キャベツのコールスロー
46 菜の花といかのバターしょうゆ炒め
47 菜の花としらすとのりのおひたし

48 スナップえんどうのソテー クリームチーズ添え
49 スナップえんどうとほたるいかのマヨネーズポン酢あえ
50 キャロットラペ、オープンサンド
50 にんじんステーキ、甘夏ソース
52 新玉ねぎのサルシッチャ詰め
53 新玉ねぎと青じそのサラダ、肉みそ
54 いちごとモッツァレラのアールグレイマリネ
54 キウィのカプレーゼ

56 **夏の野菜**

58 ヤングコーンのひげ巻きフリット
60 ズッキーニのゆずこしょうチーズサラダ
61 ゴーヤーまるごとから揚げ
62 きゅうりとみょうがのサラダ
63 きゅうりとささ身のヨーグルトサラダ
64 蒸しなすの韓国風マリネ
64 万願寺唐辛子のフレッシュトマトマリネ
66 とうもろこしののり天ぷら
67 とうもろこしのバターソテー 梅パン粉あえ
68 まるごと無限ピーマン
68 ピーマンの丸焼き レモンバターしょうゆ
70 よだれオクラ
71 オクラと長いものコンビから揚げ
72 モロヘイヤのだし、ひやむぎ
73 きぬさやとじゃがいものシャキシャキサラダ
74 ミニトマトとしじみのスープ
75 トマト丼
76 すいかのガスパチョ
76 桃のコンポート、カクテル仕立て

78 盛りつけを工夫する

80 秋の野菜

83 きのこの揚げ餃子
84 マッシュルームと切り干し大根のサラダ
85 しいたけの軸ごとから揚げ
86 かぼちゃとさつまいものヨーグルトサラダ
87 かぼちゃの甘酒ポタージュ
88 ごぼうとチーズ
89 ごぼうと春菊のかき揚げ
90 里いものから揚げ
90 里いもとモッツァレラのマッシュポテト
92 かぶとブルーチーズのサラダ
93 かぶの塩昆布ソテー
94 れんこんきんぴらと生ハム
95 皮つきれんこんのステーキ
96 長いもステーキ
96 長いもと桜えびの落とし揚げ
98 さつまいもと栗のガレット パルミジャーノがけ
99 焼きいもと焼きベーコンのサラダ
100 いちじくのブリュレ
101 柿とブッラータチーズ

102 冬の野菜

104 冬野菜と豚肩ロースのポトフ
106 白菜の春巻き
106 白菜のステーキ グラタン仕立て
108 ねぎのオイル蒸し
109 白ねぎとクリームチーズとしらすのアヒージョ
110 春菊とアボカドのサラダ
111 春菊とかきのチヂミ

112 無限水菜
112 グラタンドフィノワ
114 カリフラワーのステーキ
115 ブロッコリーとじゃがいものチーズガレット
116 大根といかの梅サラダ
117 大根ステーキ、あおさバターソース
118 ほうれん草とスモークサーモンのごまあえ
119 ほうれん草とあさりのチーズスープ
120 せりとぶりのカルパッチョ
121 せりと揚げ餅のそば
122 あんぽ柿のクリームチーズ詰め
123 みかんとかぶのモッツァレラサラダ
124 Ｓｈｕｎレシピで使用している器

この本のルール

・調理法について

レシピ上部の野菜の種類の横に記載している表記は以下の調理法をさします。参考にしてください。
煮＝煮る　焼＝焼く　レ＝電子レンジ　生＝生のまま　揚＝揚げる　茹＝ゆでる　炒＝炒める

・［仕上げ］の材料について

材料表の［仕上げ］の材料については、あえて分量を示していません。お好みで適量を加えてください。必ずしも、すべてそろえなくてもかまいません。

・調理器具

フライパン
特に記載がない場合、直径26㎝のフッ素樹脂加工のものを使用しています。

電子レンジ
加熱時間は600Wのものを基準にしています。500Wなら1.2倍、700Wなら0.8倍を目安に加熱してください。なお、機種によって多少異なる場合があります。

オーブントースター＆オーブン
オーブントースターは1000Wのものを基準にしています。どちらも機種によって、加熱時間や温度に差が出る場合があります。様子をみながら加熱し、焦げそうならアルミホイルをかぶせてください。

・揚げ油

揚げ油の温度は、油を熱したフライパンや鍋の底に乾いた菜箸を当て、泡の立ち方でチェックします。

低温（160～165℃）
ひと呼吸おいてから、ゆっくりとまばらに、菜箸の先から細かい泡が出る状態。

中温（170～180℃）
菜箸の先から、すぐに細かい泡がシュワシュワッとまっすぐに出る状態。

高温（185～190℃）
菜箸の先から、細かい泡が勢いよく一気に出る状態。

・だしのとり方

材料表に「だし汁」とあるものは、基本的に昆布と削り節でとったものをさします。市販の顆粒状やパック状のものは、パッケージの表示に従ってください。

・「パルミジャーノ・レッジャーノ」について

イタリア原産のハードタイプのチーズ。乳脂肪分を除いた牛乳としぼりたての牛乳を混ぜ、18～36カ月熟成させるのが一般的。粉チーズでも代用できます。作り方では「パルミジャーノ」と表記しています。

素材別にすぐ引ける！

料理名INDEX

・料理名はページ順に並んでいます。

【野菜】

アスパラガス
新じゃがとアスパラのカマンベールバター煮 36
アスパラのソテー カリカリベーコンとかつお節 38
アスパラのソテー クリームチーズ添え 39

アボカド
春菊とアボカドのサラダ 110

オクラ
よだれオクラ 70
オクラと長いものコンビから揚げ 71

かぶ
かぶのアンチョビーバター焼き 24
かぶとブルーチーズのサラダ 92
かぶの塩昆布ソテー 93
みかんとかぶのモッツァレラサラダ 123

かぼちゃ
かぼちゃとさつまいものヨーグルトサラダ 86
かぼちゃの甘酒ポタージュ 87

カリフラワー
カリフラワーのステーキ 114

きぬさや
きぬさやとじゃがいものシャキシャキサラダ 73

きのこ
きのこの揚げ餃子 83
マッシュルームと切り干し大根のサラダ 84
しいたけの軸ごとから揚げ 85

キャベツ・春キャベツ
春キャベツのステーキ 44
春キャベツのコールスロー 45
冬野菜と豚肩ロースのポトフ 104

きゅうり
きゅうりとみょうがのサラダ 62
きゅうりとささ身のヨーグルトサラダ 63

ごぼう
ごぼうとチーズ 88
ごぼうと春菊のかき揚げ 89

ゴーヤー
ゴーヤーまるごとから揚げ 61

さつまいも
かぼちゃとさつまいものヨーグルトサラダ 86
さつまいもと栗のガレット パルミジャーノがけ 98
焼きいもと焼きベーコンのサラダ 99

里いも
里いものから揚げ 90
里いもとモッツァレラのマッシュポテト 90

じゃがいも・新じゃが
新じゃがとアスパラのカマンベールバター煮 36
新じゃがいもとしば漬けタルタル 40
菜の花としば漬けのクリチポテサラ 40
きぬさやとじゃがいものシャキシャキサラダ 73
冬野菜と豚肩ロースのポトフ 104
グラタンドフィノワ 112
ブロッコリーとじゃがいものチーズガレット 115

春菊
トマトと春菊のすき焼き 18
ごぼうと春菊のかき揚げ 89
春菊とアボカドのサラダ 110
春菊とかきのチヂミ 111

ズッキーニ
ズッキーニのゆずこしょうチーズサラダ 60

スナップえんどう
スナップえんどうのソテー クリームチーズ添え 48
スナップえんどうとほたるいかのマヨネーズポン酢あえ 49
春菊とアボカドのサラダ 110

せり
せりとぶりのカルパッチョ 120
せりと揚げ餅のそば 121

大根
大根といかの梅サラダ 116
大根ステーキ、あおさバターソース 117

たけのこ
焼きたけのこのバーニャカウダ 42
たけのこラー油 43

玉ねぎ・新玉ねぎ
新玉ねぎのスープ 26
新玉ねぎのサルシッチャ詰め 52
新玉ねぎと青じそのサラダ、肉みそ 53
かぼちゃの甘酒ポタージュ 87
冬野菜と豚肩ロースのポトフ 104

唐辛子
万願寺唐辛子のフレッシュトマトマリネ 64

とうもろこし・ヤングコーン
ヤングコーンのひげ巻きフリット 58
とうもろこしののり天ぷら 66
とうもろこしのバターソテー 梅パン粉あえ 67

トマト
トマトと春菊のすき焼き 18
万願寺唐辛子のフレッシュトマトマリネ 64
モロヘイヤのだし、ひやむぎ 72
ミニトマトとしじみのスープ 74
トマト丼 75
すいかのガスパチョ 76

白菜
ロール白菜 16
白菜の春巻き 106
白菜のステーキ グラタン仕立て 106

ピーマン
まるごと無限ピーマン 68
ピーマンの丸焼きレモンバターしょうゆ 68

ブロッコリー
ブロッコリーとカリカリちりめんのソテー 20
ブロッコリーとじゃがいものチーズガレット 115

ほうれん草
ほうれん草とスモークサーモンのごまあえ 118
ほうれん草とあさりのチーズスープ 119

長いも
オクラと長いものコンビから揚げ 71
長いもステーキ 96
長いもと桜えびの落とし揚げ 96

なす
蒸しなすのグラタン仕立て 22
蒸しなすの韓国風マリネ 64

菜の花
菜の花としば漬けのクリチポテサラ 40
菜の花といかのバターしょうゆ炒め 46
菜の花としらすとのりのおひたし 47

にんじん
キャロットラペ、オープンサンド 50
にんじんステーキ、甘夏ソース 50
冬野菜と豚肩ロースのポトフ 104

ねぎ
ねぎのオイル蒸し 108
白ねぎとクリームチーズとしらすのアヒージョ 109

水菜
無限水菜 112

モロヘイヤ
モロヘイヤのだし、ひやむぎ 72

れんこん
れんこんきんぴらと生ハム 94
皮つきれんこんのステーキ 95
冬野菜と豚肩ロースのポトフ 104

【果物】
焼き桃 28
グレープフルーツと生ハムのサラダ 30
キャロットラペ、オープンサンド 50
にんじんステーキ、甘夏ソース 50
いちごとモッツァレラのアールグレイマリネ 54
キウィのカプレーゼ 54
すいかのガスパチョ 76
桃のコンポート、カクテル仕立て 76
いちじくのブリュレ 100
柿とブッラータチーズ 101
あんぽ柿のクリームチーズ詰め 122
みかんとかぶのモッツァレラサラダ 123

【鶏肉】
きゅうりとささ身のヨーグルトサラダ 63

【豚肉】
ロール白菜 16
新玉ねぎのサルシッチャ詰め 52
新玉ねぎと青じそのサラダ、肉みそ 53
冬野菜と豚肩ロースのポトフ 104

【生ハム・ベーコン】
グレープフルーツと生ハムのサラダ 30
アスパラのソテーカリカリベーコンとかつお節 38
きゅうりとみょうがのサラダ 62
れんこんきんぴらと生ハム 94
焼きいもと焼きベーコンのサラダ 99

【魚介・魚介加工品】
ブロッコリーとカリカリちりめんのソテー 20
菜の花といかのバターしょうゆ炒め 46
菜の花としらすとのりのおひたし 47
スナップえんどうとほたるいかのマヨネーズポン酢あえ 49
まるごと無限ピーマン 68
ミニトマトとしじみのスープ 74
長いもと桜えびの落とし揚げ 96
白ねぎとクリームチーズとしらすのアヒージョ 109
春菊とかきのチヂミ 111
無限水菜 112
大根といかの梅サラダ 116
ほうれん草とスモークサーモンのごまあえ 118
ほうれん草とあさりのチーズスープ 119
せりとぶりのカルパッチョ 120

【チーズ】
新じゃがとアスパラのカマンベールバター煮 36
アスパラのソテークリームチーズ添え 39
菜の花としば漬けのクリチポテサラ 40
スナップえんどうのソテークリームチーズ添え 48
いちごとモッツァレラのアールグレイマリネ 54
キウィのカプレーゼ 54
ゴーヤーまるごとから揚げ 61
ごぼうとチーズ 88
里いもとモッツァレラのマッシュポテト 90
かぶとブルーチーズのサラダ 92
皮つきれんこんのステーキ 95
さつまいもと栗のガレットパルミジャーノがけ 98
柿とブッラータチーズ 101
白ねぎとクリームチーズとしらすのアヒージョ 109
グラタンドフィノワ 112
ブロッコリーとじゃがいものチーズガレット 115
ほうれん草とあさりのチーズスープ 119
あんぽ柿のクリームチーズ詰め 122
みかんとかぶのモッツァレラサラダ 123

【その他】
マッシュルームと切り干し大根のサラダ 84
かぶの塩昆布ソテー 93
せりと揚げ餅のそば 121

Shunのレシピに欠かせない調味料と食材

僕がいつも使っている調味料と
僕の料理には欠かせない
うまみ食材について、ご紹介します。
だけど、これはあくまで僕の好みのもの。
料理の主役となる野菜以外の材料はすべて、
お好みで替えても、どんな銘柄の
ものを使ってもOKです。

調味料とオイル

塩

野菜の塩もみや下味をつけるときに使うのは、いつものスーパーで買う粒が粗めの塩。料理の仕上げにふるときなどは、フランス・ゲランド産の「フルール・ド・セル」。「塩の花」という意味で、ほのかな苦みと甘みがあり、ミネラル分が豊富です。

しょうゆ

みそと同じく、何でもOK。僕の料理は、しょうゆ味をしっかりつけるというより、香りと風味をまとわせる程度に使うことがほとんどです。

みそ

市販のみそももちろん使いますが、みそづくり教室に参加して手づくりみそのおいしさを知って以来、麦みそを毎年仕込んでいます。それぞれの家庭で使い慣れたみそがあると思うので、お好みのものを使ってください。

オリーブオイル

焼き油など加熱用は、安価なピュアオリーブオイルをネットでまとめ買いしています。仕上げに使うオイルはちょっといいものを。アルドイノ社のエキストラバージンオリーブオイルは、豊かな香りとフルーティな後味がお気に入りです。

野菜にプラスする うまみ食材

チーズなどの乳製品

僕が野菜ともっとも相性がいいと考えているうまみ食材が乳製品です。バターや牛乳、そして、チーズが欠かせません。パルミジャーノ・レッジャーノは常備しています。粉チーズでも代用できますが、香りと風味が全然違うので、ぜひかたまりを削って使ってみてほしい。日もちするので、それほどコスパは悪くありませんよ。

アンチョビーなどの魚介加工品

魚介のうまみをたしたいときに、アンチョビーをよく使います。フィレを刻んでもいいのですが、ほんのちょっと使いたいときには、チューブ状で量が調整しやすいアンチョビーペーストが便利。桜えびやのり、塩昆布、ちりめんじゃこなども、海の香りや塩け、うまみをプラスしてくれます。

生ハムなどの肉加工品

生ハムやベーコンも、名わき役。肉の脂のうまみ、こくをプラスすると、野菜の魅力がグッと引き立ちます。また、フルーツと生ハムは相性抜群。生ハムには果物にはない塩けとうまみがあるので、フルーツのサラダやマリネに。

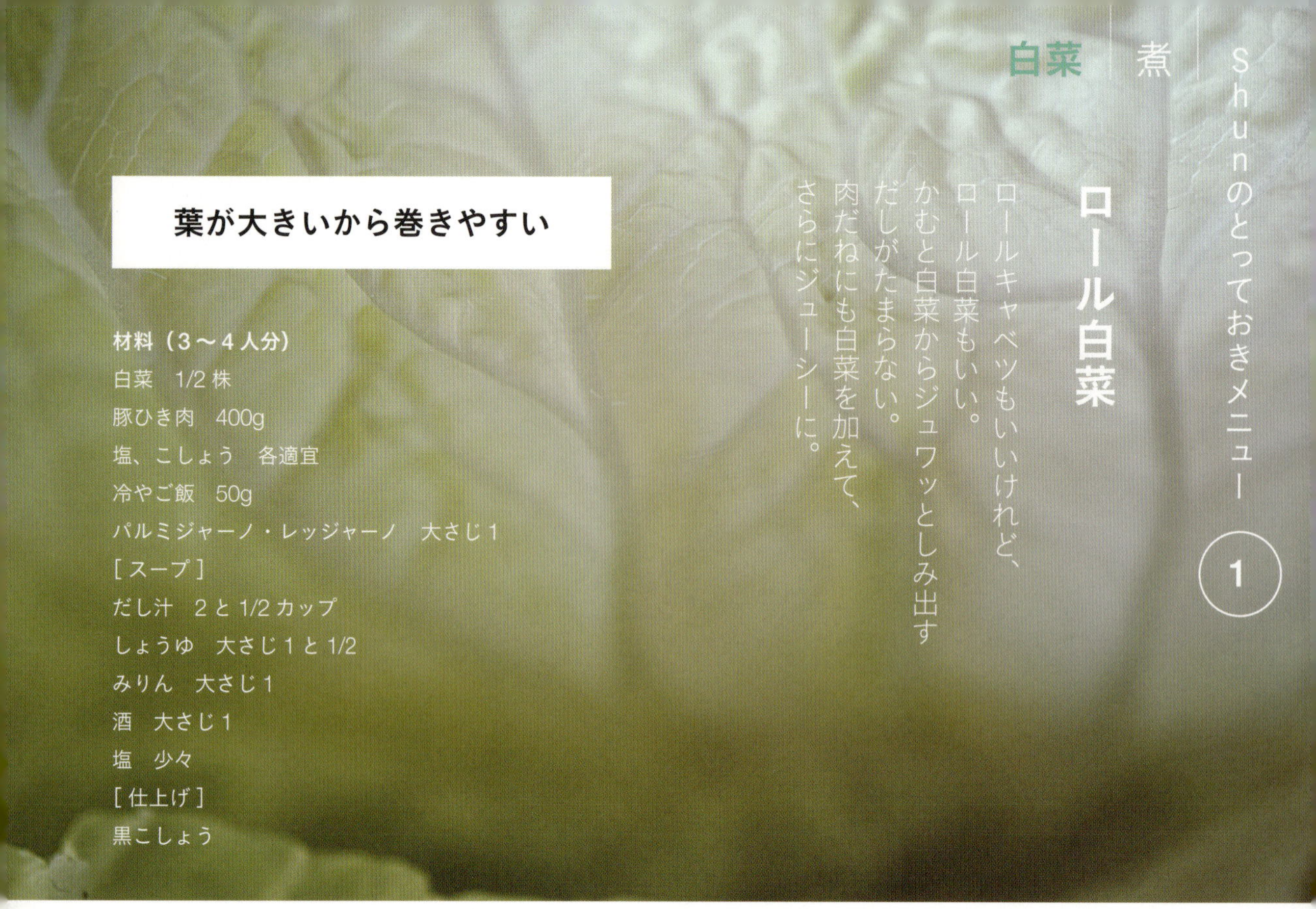

ロール白菜

ロールキャベツもいいけれど、
ロール白菜もいい。
かむと白菜からジュワッとしみ出す
だしがたまらない。
肉だねにも白菜を加えて、
さらにジューシーに。

葉が大きいから巻きやすい

材料（3～4人分）
白菜　1/2株
豚ひき肉　400g
塩、こしょう　各適宜
冷やご飯　50g
パルミジャーノ・レッジャーノ　大さじ1
［スープ］
だし汁　2と1/2カップ
しょうゆ　大さじ1と1/2
みりん　大さじ1
酒　大さじ1
塩　少々
［仕上げ］
黒こしょう

① 白菜は1枚ずつ葉をはずし、大きな葉を6～8枚用意する。巻きやすい柔らかさになるまでゆでる。残りの葉はみじん切りにし、塩少々をふって5分ほどおく。水けを絞る。
② 豚ひき肉をボウルに入れて練る。粘りが出たら、塩、こしょう、パルミジャーノ、みじん切りにした白菜、冷やご飯を加えて混ぜる。
③ 下ゆでした白菜1枚を縦長に広げ、手前に②の1/6～1/8量をのせて左右の葉を折り込みながら巻く。残りも同様にして巻く。
④ 鍋に③を巻き終わりを下にして並べ、スープの材料を加えて落としぶたをする。中火にかけ、煮立ったら弱火にして15分ほど煮る。器にスープとともに盛り、黒こしょうを適宜ふる。

［器］冨部咲喜子

トマトと春菊のすき焼き

すき焼きの具でいちばん好きなのは春菊だ。
ほろ苦くて、牛肉との相性は抜群。
トマトの酸味とうまみが加わると、
最高としか言いようがない。

しんなり、とろりとした食べごろを見極めて

材料（2人分）
トマト　2個
春菊　1わ
牛ロース薄切り肉　300g
牛脂（またはサラダ油）　適宜
［割りした］
しょうゆ　90mℓ
みりん　大さじ2
砂糖　大さじ2
水　180mℓ
［仕上げ］
溶き卵

①　トマトはへたを取り、くし形切りにする。春菊は根元を落として食べやすい長さに切る。
②　小鍋に割りしたの材料を入れて中火にかける。煮立ったら火を止め、粗熱を取る。
③　すき焼き鍋（またはフライパンなど）を中火にかけ、牛脂をひく。牛肉の1/2量をさっと焼き、色が変わりはじめたら②の割りしたを1/2量ほど加える。
④　トマトの1/2量を加えてさっと煮たら、春菊の1/2量を加える。トマトがとろりとして春菊がしんなりしたら食べごろ。溶き卵につけて食べる。残りも同様に。

［器］古谷宣幸

ブロッコリーとカリカリちりめんのソテー

ブロッコリーはぜひ、焼いてみてほしい。
香ばしく、味がぎゅっと凝縮しておいしいから。
カリッと炒めたじゃこで
うまみと歯ごたえをプラス。

酢で味を引き締める

材料（2人分）
ブロッコリー　1株
ちりめんじゃこ　15～20g
鶏ガラスープの素（顆粒）　小さじ1弱
酢　少々
ごま油　大さじ1と1/2
［仕上げ］
刻みのり

① ブロッコリーは小房に分ける。
② フライパンにごま油大さじ1を中火で熱し、ちりめんじゃこを入れてカリカリになるまで炒めて取り出す。
③ 同じフライパンにごま油大さじ1/2、①を入れ、中火で3～4分ころがしながら焼く。鶏ガラスープの素、酢、②を戻し入れ、混ぜながらさっと炒める。
④ 器に盛り、のりを適宜散らす。

［器］和田山真央

なすにトマトのうまみを吸わせて

蒸しなすのグラタン仕立て

レンチンなすを
トマトジュースに漬けてから
チーズをのせて焼くだけ。
なす、トマト、チーズがとろりと溶け合う。

材料（2人分）
なす　3個
トマトジュース（食塩不使用のもの）　1/2カップ
モッツァレラチーズ（またはピザ用チーズ）　適宜
塩、黒こしょう　各適宜

① なすはへたを残して皮をむき、水にさっとくぐらせて1個ずつふんわりとラップで包む。電子レンジで2分加熱し、熱いうちにやけどに注意して縦半分に切る。
② 耐熱皿に①を切り口を上にして並べ、トマトジュースを注いで10分ほど漬ける。
③ 塩をふり、モッツァレラチーズをちぎって散らす。黒こしょうをふってオーブントースターでチーズが溶けて焼き色がつくまで焼く（オーブンの場合は200℃で10分ほど）。

かぶのアンチョビーバター焼き

かぶのみずみずしさを閉じこめるように
表面をこんがり焼くのがポイント。
アンチョビーの風味と塩けで
キリリと引き締めて。

ささっと作れるワインのお供

材料（2人分）

かぶ　2個
アンチョビーペースト　小さじ 1/2
塩、こしょう　各少々
オリーブオイル　大さじ 1 と 1/2
バター　大さじ 1 弱（約 10g）
[仕上げ]
パルミジャーノ・レッジャーノ

① かぶはよく洗い、皮つきのまま縦 6 等分に切り、包丁で角を落として面取りをする。

② フライパンにオリーブオイルを中火で熱して①を入れ、塩、こしょうをふってころがしながら焼く。

③ 焼き色がついたら水大さじ 1、アンチョビーペーストを加えて溶かし、スプーンでかぶにかけながら焼く。

④ 水けがなくなったらバターを加え、つやが出るまで炒める。器に盛り、パルミジャーノを適宜ふりかける。

焼きつけると焦げた風味がうまみになる

新玉ねぎのスープ

忘れてはいけない春野菜がこれ。
毎年のように、
新玉ねぎの甘さには驚かされる。
出始めはまだ寒いから、
スープが最高なんだな。

材料（2人分）

新玉ねぎ　2個
ベーコン（ブロック）　15～20g
塩、こしょう　各適宜
洋風スープの素（固形）　1個
バター　10g
［仕上げ］
パルミジャーノ・レッジャーノ
粗びき黒こしょう

①　新玉ねぎはしんを残して縦半分に切る。くずれないように、側面からつま楊枝を刺す。ベーコンは1cm角に切る。

②　鍋にバターを弱めの中火で熱し、泡が出て香りが立ったら玉ねぎの断面を下にして焼く。焼き色がついたら返し、さらに3分ほど焼いて取り出す。

③　同じ鍋を弱火にかけ、ベーコンを炒める。水500mℓ、洋風スープの素を加えて中火にし、②を戻し入れてふたをし、弱火で15分ほど煮る。

④　味をみて塩、こしょうで味をととのえる。器に盛り、パルミジャーノ、粗びき黒こしょうを各適宜ふる。

［器］古谷製陶所

焼き桃

アールグレイの茶葉で
かるくマリネして
バターと砂糖で焼けば、
表面はところどころカリッと、
中はとろり。
スーパーの桃が、たちまち
レストランのデザート風になる。

加熱することで桃の甘みがグッと増す

材料（2人分）
桃　1個
アールグレイの茶葉（ティーバッグ）　1個分
砂糖　15g
バター　25g
ローズマリー　適宜
［仕上げ］
バニラアイスクリーム

① 桃はよく洗って皮つきのまま半分に切り、種をくりぬく。断面にティーバッグから出した茶葉をふりかけて10分ほどおく。
② フライパンにバター、砂糖を入れて中火にかける。バターが溶けて薄く色づいたらローズマリーを入れ、桃の断面を下にして入れる。バターが焦げないように桃を動かしながら焼き色がつくまで焼き、返して弱火にし、さらに2分ほど焼いて器に盛る。
③ バニラアイスクリームを②にのせる。

［器］荒賀文成

グレープフルーツと生ハムのサラダ

蒸し暑い日の憂鬱《ゆううつ》な気分を
すっきりさせてくれる
グレープフルーツに
生ハムの塩けを合わせて。
チーズよりコスパがいい
水きりヨーグルトとともに。

甘酸っぱい果汁は残さず使って

材料（2人分）
グレープフルーツ　1個
生ハム　4～6枚
プレーンヨーグルト　400g
［マリネ液］
オリーブオイル　大さじ1
はちみつ　大さじ1
塩、こしょう　各少々
［仕上げ］
オリーブオイル
黒こしょう
チャービル

① 水きりヨーグルトを作る。ボウルにざるを重ねてペーパータオルを敷き、ヨーグルトを入れてさらにペーパータオルでふたをする。上に800gほどの重し（ヨーグルトの倍量。ボウルやポリ袋に水を入れるのがおすすめ）をのせて20分ほどおく。ペーパーをはずして別のボウルに移し、ゴムべらやスプーンでなめらかになるまでよく混ぜる。
② グレープフルーツは皮をむき、ざるを重ねたボウルの上で薄皮にそって包丁を入れ、果肉を取り出す。出た果汁はボウルに落ちた分をとっておく。
③ ②のグレープフルーツ果汁にマリネ液の材料を加えて混ぜ、グレープフルーツの果肉を加えて15分以上漬ける。
④ 器に①適宜、③の果肉、食べやすく切った生ハムを順に盛り、上からも①を適宜かける。さらに③のボウルに残ったマリネ液をかける。オリーブオイルを適宜回しかけ、黒こしょうを適宜ふってチャービルを飾る。

［器］古谷宣幸

心を満たす 食材の合わせ方

食材の組み合わせは、
ワインとのペアリングと同じように考えています。
または、ファッションのコーディネートにも似ているかも。
素材の共通点を生かしたり、たりないところを補完したり
個々の魅力が、ケンカせず調和するように。

共通点を探す

まずは、素材の共通点を探します。すべてに当てはまるわけではありませんが、トップスとバッグや靴の色を合わせるのと同じように、どこかに共通点があれば、全体が調和してうまくまとまりやすくなります。

- 同じ色の野菜
- 旬の季節が同じ野菜
- 食感が似ているもの
- 香りが似ているもの

同じ色の野菜

紫玉ねぎとトレビス

旬が同じ野菜

なすとズッキーニ

うまみを補う

うまみが不足すると「ものたりなさ」を感じてしまうので、一皿でも大満足できる料理に仕上げるためには、野菜だけではたりないうまみを他の食材で補うことが必要です。味をつけることとはまた別で、うまみを大切にするのが僕の料理の特徴です。

※うまみについて、詳しくはP6、P15を参照のこと。

春の野菜

新じゃが、春キャベツ、さや豆、たけのこ……
この時期にしか出会えない野菜がいっぱいの春。
まだまだ寒くても、冬野菜にはなかった淡いグリーンや、
柔らかな質感の春野菜が店頭に並びはじめると
うららかな春を思って心がはずむ。

新じゃがとアスパラのカマンベールバター煮

春の訪れを告げる新じゃがと鮮やかなアスパラのコンビ。
イメージは、土からひょこっと出た新芽。
そこにカマンベールチーズと濃厚なバターの風味がからむと、
口いっぱいに幸せが広がる。
ほくほくのじゃがいもをかみしめるたび、
春の甘みがじんわりと心にしみていく。

すべてフライパンで完結できる

材料（2人分）

新じゃがいも　2個
グリーンアスパラガス　3本
ベーコン　3～5枚
カマンベールチーズ　90～100g
オリーブオイル　大さじ2
バター　15g
塩、こしょう　各少々
[仕上げ]
黒こしょう
チャービル

① 新じゃがはよく洗って皮つきのままくし形切りにする。アスパラは根元から3㎝ほど皮をむき、長さ3～4㎝の斜め切りにする。ベーコンは幅1.5㎝に切る。カマンベールチーズは6等分に切る。

② フライパンにオリーブオイルを熱し、新じゃがを入れて弱火でじっくり焼く。表面に焼き色がついたら片側に寄せ、あいたところにベーコンを加えてカリッとするまで焼く。

③ 水1/2カップ、バターを加え、バターが溶けたらアスパラを加える。アスパラが少ししんなりしたら、塩、こしょうをふり、カマンベールチーズを加えて火を止める。余熱でチーズがとろりとしたら器に盛り、チャービル、黒こしょうを適宜散らす。

[器] 小野象平

アスパラのソテー カリカリベーコンとかつお節

巻かずに簡単アスパラベーコン

カリカリのベーコンとふんわり舞う
かつお節が、アスパラの食感を引き立てる。
シンプルながら、軽やかな春の一皿に。

材料（2人分）

グリーンアスパラガス　5～10本
ベーコン（ブロック）　30g
バター　15g
塩、こしょう　各少々
白ワイン（なければ酒）　大さじ1/2
しょうゆ　大さじ1/2
［仕上げ］
パルミジャーノ・レッジャーノ
かつお節

① アスパラは根元から3㎝ほど皮をむく。ベーコンは拍子木切りにする。
② フライパンにバターを熱し、ベーコンを入れて弱火でカリッとするまで炒めて取り出す。
③ 同じフライパンに、アスパラを入れて塩、こしょうをふり、ころがしながら中火で焼く。薄く焼き色がついたら白ワインを加え、さらにころがしながら焼く。しょうゆを加えてからめる。
④ アスパラ、ベーコンの順に器に盛り、パルミジャーノ、かつお節を各適宜かける。

［器］瀬川辰馬

アスパラのソテー クリームチーズ添え

少しの水分で一気に蒸し焼きに

ソテーしたアスパラにクリームチーズのこくをソースのように添える。緑と白のコントラストが春の食卓を彩る。

材料（2人分）

グリーンアスパラガス　5本
クリームチーズ　30g
アンチョビーペースト　少々
バター　5g
サラダ油　大さじ1/2
塩、こしょう　各少々
［仕上げ］
オリーブオイル
すだちなどのかんきつ類の皮
黒こしょう
パルミジャーノ・レッジャーノ
チャービル

①　アスパラは根元から3㎝ほど皮をむき、長さ5㎝に切る。クリームチーズは室温にもどす。

②　フライパンにバター、サラダ油を入れて熱し、アスパラの穂先以外の部分を入れて中火で1分ほど炒める。穂先を加えてさらに1分炒めて、塩、こしょうをふる。

③　アンチョビーペースト、水大さじ1/2を加えてふたをし、1〜2分蒸し焼きにする。

④　器にクリームチーズを盛り、アスパラをのせる。オリーブオイルを回しかけ、すりおろしたかんきつの皮、黒こしょう、パルミジャーノ、チャービルを各適宜かける。

新じゃがいもとしば漬けタルタル

菜の花としば漬けのクリチポテサラ

しば漬けタルタルソースが味の決め手に

ほくほくの新じゃがに、
桜色のしば漬けタルタルが彩りを。
いつものポテトサラダも形を変えると、
心躍る春の味わいに変わる。

材料（2人分）

新じゃがいも（小）　4個
塩　少々
［しば漬けタルタル］
溶き卵　2個分
玉ねぎ　1/4個
しば漬け　約20g
青じその葉　3枚
オリーブオイル　大さじ2
マヨネーズ　大さじ2
レモン汁　大さじ1
黒こしょう　少々
［仕上げ］
オリーブオイル
チャービル

①　新じゃがはよく洗い、皮つきのまま耐熱のボウルに入れ、ふんわりとラップをかける。電子レンジで3〜4分、柔らかくなるまで加熱する。やけどに注意しながらラップをはずす。フォークなどで真ん中からぱっくり割って、割れ目に塩をふる。

②　玉ねぎとしば漬けはみじん切りにする。青じそは粗みじんに切る。フライパンにオリーブオイル大さじ1を中火で熱し、玉ねぎを入れてさっと炒め、バットなどに広げてさます。同じフライパンに、オリーブオイル大さじ1を中火で熱し、卵を入れて大きく混ぜ、半熟状になったらボウルに入れてさます。ボウルにしば漬けタルタルの残りの材料をすべて入れ、よく混ぜる。

③　器にじゃがいもを並べ、割れ目に②をたっぷりのせる。オリーブオイル大さじ1/2をかけ、チャービルを適宜ちらす。

しば漬けはほかの漬けものでもOK

菜の花の苦みとしば漬けの酸味、
クリームチーズのこくが絶妙なハーモニー。
少し大人のポテサラ。

材料（2人分）

菜の花　1/2束
じゃがいも　2個
しば漬け　大さじ1強
クリームチーズ　大さじ1と1/2
マヨネーズ　大さじ1と1/2
塩　ひとつまみ
オリーブオイル　大さじ1
［仕上げ］
白いりごま
黒こしょう

①　じゃがいもは皮をむき、4等分に切る。耐熱のボウルに入れ、ふんわりとラップをかける。電子レンジで3〜4分、柔らかくなるまで加熱する。やけどに注意しながらラップをはずす。塩をふってスプーンでつぶす。

②　菜の花は根元を少し切り、フライパンにオリーブオイルを中火で熱してかるく焼き色がつくまで焼き、粗熱を取る。

③　②の菜の花を幅1cmほどに切る。しば漬けはみじん切りにする。

④　①のボウルにマヨネーズと室温に戻したクリームチーズを加えて混ぜる。菜の花としば漬けも加えて混ぜ合わせる。

⑤　器に盛りつけ、いりごまと黒こしょう各適宜をふる。

　［器］上／熊谷 峻　下／小野象平

焼きたけのこのバーニャカウダ

フライパンひとつで、この出来栄え

アクの強い野菜には、
このソースがぴったり。
香ばしく焼き上げたたけのこに、
バーニャカウダソースをからめて。

材料（2人分）

ゆでたけのこ　1個
バター　15g
塩、こしょう　各少々
［バーニャカウダソース］
生クリーム　200㎖
にんにく　1/2かけ
オリーブオイル　大さじ1
アンチョビーペースト　少々
（またはアンチョビーフィレ、みそなど）
木の芽（または青じその葉や他のハーブ）、
塩、こしょう　各少々
［仕上げ］
パルミジャーノ・レッジャーノ
黒こしょう
木の芽

① たけのこを食べやすい大きさのくし形切りにする。バーニャカウダソースの木の芽とにんにくはみじん切りにする。
② フライパンにバターを弱火で溶かし、①のたけのこを入れてそれぞれの面に焼き色がつくまで焼く。塩、こしょうで味をととのえ、バットなどに取り出す。
③ 同じフライパンにオリーブオイルとにんにくを入れ、弱めの中火にかけて香りを出す。生クリームとアンチョビーを加えて弱火で煮つめる。塩、こしょうで味をととのえ、火を止めて木の芽を加える。
④ 器に③のソース、②のたけのこの順に盛り、パルミジャーノと黒こしょうを各適宜ふる。木の芽を適宜のせる。

［器］瀬川辰馬

たけのこラー油

たけのこは部位によって切り方を変える

たけのこにラー油の
ピリッとした辛みをきかせた一品。
抜群の食感に、新たな刺激を楽しんで。

材料（2人分）
ゆでたけのこ　1本
ごま油　大さじ1
［マリネ液］
ラー油　大さじ1～2
ごま油　大さじ1
ポン酢しょうゆ　大さじ2
白だし　小さじ1
白いりごま　適宜
［仕上げ］
桜えび
焼きのり

① たけのこは縦半分に切り、上から2/3のところで切ってさらに縦に半分にする。残りの下1/3の部分は厚さを半分に切り、さらに3等分の扇形に切る。
② フライパンにごま油を中火で熱し、①のたけのこを入れて両面に焼き色がつくまで焼く。
③ ボウルにマリネ液の材料を入れてしっかりと混ぜ、②のたけのこを15分ほど漬ける。
④ 器に③を盛りつけて桜えびとちぎったのりを各適宜のせる。

春キャベツのステーキ

キャベツをつま楊枝で刺してばらばらにならないように

春キャベツを大きく切って焼き上げ、
パルミジャーノをたっぷりかけて。
シンプルな食材が
ぜいたくな一皿に変わる。

材料（2人分）
春キャベツ　1/2個
白ワイン　大さじ3
アンチョビーペースト　大さじ1/2
塩、こしょう　各適宜
バター　10～15g
［仕上げ］
パルミジャーノ・レッジャーノ
乾燥パセリ

① キャベツは軸をつけたまま断面から厚さ3cm・2切れに切る。くずれないよう外側から4カ所ほどつま楊枝で刺す。
② ①の表面に、アンチョビーペーストを塗り、塩、こしょう各少々をふる。ひっくり返して反対の面も同様にする。
③ フライパンにバターを中火で熱し、キャベツを入れてあまり動かさないように気をつけながら、5分ほど焼く。
④ 白ワインを入れてふたをし、3分ほど蒸し焼きにする。焼き色がついたら、ひっくり返し、同様に焼き色をつける。
⑤ 器に盛り、パルミジャーノ、乾燥パセリを適宜かける。

［器］八田 亨

春キャベツのコールスロー

せん切りはあえて極細にしない

軽やかな甘さの春キャベツのシャキシャキとした食感が楽しめるコールスロー。マヨは少なめなので、ライトな味わい。

材料（2～3人分）

春キャベツ　1/2個
ちりめんじゃこ　大さじ3
ツナ缶詰　1缶
オリーブオイル　大さじ1
塩、こしょう　各少々
マヨネーズ　大さじ2
粒マスタード　大さじ1
［仕上げ］
黒こしょう
パルミジャーノ・レッジャーノ

①　キャベツは太めのせん切りにし、1分ほど水にさらして水分をしっかりきる。
②　フライパンにオリーブオイルを弱火で熱し、ちりめんじゃこを入れてカリカリになるまで焼きつける。
③　ボウルにツナ缶を油ごと入れて、塩、こしょう、マヨネーズ、粒マスタードを加えて混ぜる。
④　③にキャベツを入れて、混ぜ合わせる（オイルがたりなければ、オリーブオイル少々をたす）。
⑤　器に④を盛り、②のちりめんじゃこと、パルミジャーノ、黒こしょうを各適宜かける。

菜の花といかのバターしょうゆ炒め

菜の花の甘みと苦みを生かす味つけ

菜の花の苦みと
いかの甘みをバターとしょうゆで包んだ、
春食材を組み合わせた一品。
フライパンの中で春が躍ると、心もはずむ。

材料（2人分）

菜の花　1/2束
いか（わたと軟骨を取ったもの）　1ぱい
アンチョビーペースト　小さじ1/2
バター　10g
しょうゆ　大さじ1/2
塩、こしょう　各少々
［仕上げ］
レモン

① 菜の花は根元を少し切り、食べやすい長さに切る。堅くて太い茎の部分は縦半分に切る。

② フライパンにバター5gを中火で熱し、食べやすく切ったいかを入れてさっと炒める。塩、こしょう、アンチョビーで味をととのえ、一度取り出す。

③ 同じフライパンに、菜の花の茎、葉を順に入れて炒める。少ししんなりしたら②のいかを戻す。

④ ③の具材を端に寄せ、あいたところにバター5gとしょうゆを加える。混ぜながら煮立て、香りが立ったら全体をさっと混ぜる。器に盛り、くし形に切ったレモンを添える。

［器］仲岡信人

菜の花としらすと のりのおひたし

菜の花は堅めにゆでて水分をしっかり絞る

菜の花、しらす、のりの風味が
調和した新しいおひたし。
だしとオリーブオイルが深みを加えた、
ちょっぴり大人の味わい。

材料（2人分）

菜の花　小1束
しらす干し　15g
焼きのり（または韓国のり）　1/2枚
塩　適宜
白だし　大さじ1
オリーブオイル　大さじ1
［仕上げ］
塩
白いりごま

① 菜の花は塩少々を加えた熱湯でさっとゆでる。氷水にとってすぐ引き上げ、水けをよく絞る。

② ①を長さ3～5㎝に切り、ボウルに入れる。

③ ②に塩少々、しらす、白だし、オリーブオイル、水大さじ1/2を加えてあえ、のりをちぎり入れてさらにあえる。

④ 器に盛り、塩と白ごまを各適宜かける。

スナップえんどうのソテー クリームチーズ添え

やさしい甘みを生かすため、ゆでずに油で焼く

スナップえんどうは焼くのがいちばん好き。
シャキシャキさと甘さが最大限に生きる。
クリームチーズをディップして。

材料（2人分）

スナップえんどう　1パック（約120g）
オリーブオイル　大さじ1
クリームチーズ　大さじ2～3
塩　少々
［仕上げ］
オリーブオイル
すだちの皮
黒こしょう

① クリームチーズを常温にもどす。
② スナップえんどうはへたと筋を取る。
③ フライパンにオリーブオイルを中火で熱し、スナップえんどうの両面を焼き、塩で味をととのえる。
④ 器に、①のクリームチーズを敷き、その上にスナップえんどうを立てるように並べる。
⑤ すだちの皮をすりおろしてふり、オリーブオイル、黒こしょうを各適宜かける。

スナップえんどうとほたるいかのマヨネーズポン酢あえ

ほたるいかの下処理で食感よく

シャキッとしたスナップえんどうと
プリプリのほたるいか。
異なる食感のコントラストを楽しんで。

材料（2人分）

スナップえんどう　10個
ゆでほたるいか　16匹
塩　少々
［マヨポン酢］
フレンチマスタード
　（ディジョンマスタード）　大さじ1/2
マヨネーズ　大さじ1と1/2
ポン酢しょうゆ　大さじ1/2
［仕上げ］
チャービル
塩
ピンクペッパー

① ほたるいかは、目とくちばしと軟骨をピンセットなどで取る。
② スナップえんどうはへたと筋を取り、塩を加えた熱湯で30～60秒ゆでる。氷水にとってすぐ引き上げ、水けをよくきる。
③ ②を3等分に切る。
④ ボウルにマヨポン酢の材料を入れて混ぜ合わせ、③を加えてさっとあえる。
⑤ 器に④を盛り、その上にほたるいかをのせる。ハーブや塩、ピンクペッパーを各適宜散らす。

キャロットラペ、オープンサンド

にんじんステーキ、甘夏ソース

りんごを合わせて食感を楽しむ

りんごと甘さが似ている
にんじんを合わせて。
くるみの香ばしさをアクセントに。
パンにのせたら……最高の休日が始まる。

材料（2人分）
春にんじん　1本
りんご　1/2個
くるみ（ロースト）　好きなだけ
塩、こしょう　各少々
オリーブオイル　大さじ2
レモン汁　大さじ1と1/2
はちみつ　小さじ2
［仕上げ］
パン（焼かなくても
　おいしいものがおすすめ）
クリームチーズ
黒こしょう
ディル

① にんじんとりんごはそれぞれ皮をむいてせん切りにする。にんじんは塩ひとつまみ（分量外）をふってかるくもみ、2〜3分おく。水けをしっかり絞る。
② ボウルに、①と塩、こしょう、オリーブオイル、レモン汁、はちみつを混ぜ合わせ、刻んだくるみを入れる。
③ パンを食べやすい大きさにカットする。常温にもどしたクリームチーズをパンに塗り、②を好きな量のせる。仕上げに黒こしょうを散らし、ディルをのせる。

甘夏がなければ、他のかんきつでも

春にんじんのさわやかな甘さには、
甘夏の酸味を合わせる。
いつものにんじんを
主役に変える一皿。

材料（2人分）
春にんじん　1本
甘夏　1/2個
あればタイム　適宜
バター　ひとかけ
オリーブオイル　大さじ1
塩　適宜
こしょう　少々
［仕上げ］
好みのハーブ

① にんじんはよく洗って皮つきのまま塩ひとつまみをこすりつけ、ラップで包んで電子レンジで柔らかくなるまで2〜3分加熱する。
② 粗熱が取れたら、にんじんを縦に3等分に切る。甘夏は皮をむいて、果汁と果肉に分ける。
③ フライパンを中火で熱し、オリーブオイル、タイムを入れて、にんじんの両面を弱火で焼く。しっかり焼き色をつけたら、塩少々、こしょうで味をととのえる。
④ ③のにんじんをフライパンの端に寄せ、甘夏の果肉を加えて焼く。
⑤ にんじんをバットなどに取り出し、④のフライパンに甘夏の果汁を加えてかるく煮つめてバターを加える。照りが出たら火を止める。
⑥ 器ににんじんと⑤のソースを盛りつけハーブを飾る。

［器］上／TOKINOHA　下／八田 亨

新玉ねぎのサルシッチャ詰め

「サルシッチャ」はほかの野菜に詰めても

くりぬいた新玉ねぎに
〈サルシッチャ〉を詰めて焼き上げる。
新たまねぎのみずみずしい
甘さと相性抜群。

材料（2人分）

新玉ねぎ　2個
小麦粉　少々
サラダ油　大さじ1
［サルシッチャ］
豚ひき肉　300g
好みの乾燥ハーブ
（ここではバジル）　大さじ2～4
塩　小さじ1と1/2
黒こしょう　少々
パルミジャーノ・レッジャーノ
大さじ2～4
［仕上げ］
パルミジャーノ・レッジャーノ
糸唐辛子

① 新玉ねぎは、しんを取らずに横半分に切る。外側3～4層を残して中をくりぬく。くりぬいた玉ねぎはみじん切りにする。
② みじん切りにした玉ねぎとサルシッチャの材料をすべてボウルに入れ、手でこねる。
③ ①のくぼみに、薄く小麦粉をまぶして②を等分に詰める。
④ フライパンにサラダ油を中火で熱する。③をサルシッチャの面を下にして入れ、こんがりと焼き色がつくまで5分ほど焼く。ひっくり返して水を大さじ1ほどふってふたをし、5分蒸し焼きにする。
⑤ 器に盛りつけ、パルミジャーノ、糸唐辛子を各適宜かける。

［器］小野象平　

新玉ねぎと青じそのサラダ、肉みそ

みそをしっかり炒めて香ばしさとこくをアップ

さわやかなサラダに
濃厚な肉みそを添えた一皿。
さっぱりだけどパンチがある
不思議な組み合わせを楽しんで。

材料（2人分）

新玉ねぎ　1個
青じその葉　10枚
［肉みそ］
豚ひき肉　180g
玉ねぎのみじん切り　1/8個分
しょうがのすりおろし　1/2かけ分
塩　少々
みそ　40g
酒　大さじ1
砂糖　大さじ1
サラダ油　大さじ1
水　大さじ3
［仕上げ］
ごま油

① 新玉ねぎは繊維にそって薄くスライスする（スライサーでも可）。水に5～10分さらす（玉ねぎの辛さで調整する）。水けをしっかり絞る。

② 青じそはせん切りにする。

③ フライパンにサラダ油を中火で熱し、ひき肉、塩を入れてほぐしながら炒める。玉ねぎ、みそを加えてさらによく炒める。砂糖と酒を入れて水分をとばし、しょうがと水を加えて弱火で水けがほとんどなくなるまで煮つめる。

④ ボウルに①の玉ねぎと②の青じそを入れて、空気を含ませるようにふわっとあえる。

⑤ 器に③の肉みそを敷いて、上に④をのせる。ごま油を適宜かける。

［器］小野象平

いちごとモッツァレラの
アールグレイマリネ

キウィのカプレーゼ

少しの塩がアクセントに

甘酸っぱいいちごとモッツァレラに
アールグレイの香りを優雅にまとわせて。
あえるだけで見栄えがいい一皿に。

材料（2人分）
いちご　1パック
モッツァレラチーズ　1個
［アールグレイシロップ］
白ワイン　60mℓ
水　80mℓ
砂糖　大さじ1と1/2
アールグレイの茶葉
（ティーバッグでも可）　1.5g
［仕上げ］
塩
オリーブオイル
チャービル

① 鍋に白ワインと水、砂糖を入れ、ひと煮立ちさせて火を止め、アールグレイの茶葉を入れてさます。ざるなどでこす。
② いちごはへたを取って食べやすい大きさに切る。
③ ボウルに②のいちごと①のシロップを入れて15分ほど漬ける。
④ モッツァレラは包丁で半分に切り、それぞれ食べやすい大きさに手でちぎる。
⑤ 盛りつける直前にモッツァレラを加えてさっと混ぜ、器に盛る。塩をごくかるくふり、チャービルをのせてオリーブオイルをかける。

前菜にもデザートにもなる

キウィの甘みと酸味で合わせた
新しいカプレーゼ。
春らしいグリーンが食卓を彩る。

材料（2人分）
キウィ　2個
モッツァレラチーズ　1/2個
［マリネ液］
はちみつ　大さじ2
レモン汁　小さじ2
水　1カップ
あれば粒こしょう　3粒
［仕上げ］
塩
オリーブオイル
ディル

① マリネ液の材料を鍋に入れて中火にかけ、沸騰したら火を止めて粗熱を取る。
② キウィは皮をむいて6等分のくし形に切る。
③ ボウルに②とマリネ液を入れ、ラップをかけて冷蔵庫に30分置く。モッツァレラチーズは食べやすい大きさに手でちぎる。
④ 器に③のキウィと、モッツァレラを盛りつけ、塩少々とオリーブオイル大さじ1/2をかける。ディルを適宜散らす。

　［器］上／yumiko iihoshi porcelain　下／熊谷 峻

夏の野菜

ゴーヤーの苦み、トマトの甘酸っぱさ、
オクラのねばねば、とうもろこしのつぶつぶ。
食感や味わいに特徴のある夏野菜に
酸味や辛みをキリリときかせると
暑さに負けそうなときにも元気になれる。

ヤングコーンの
ひげ巻きフリット

「ヤングコーンはひげがおいしい」
だれかがそんなことを言ってたっけ。
身に巻きつけて揚げてみると、
甘さとほのかな苦みが顔を出し、
夏の始まりにふさわしい一皿に。
生のひげの、シルクのような美しさにも注目。

ひげは捨てずに巻きつける

材料（2人分）

ヤングコーン（皮つき）　6本
揚げ油　適宜
[ころも]
小麦粉　30g
水（または炭酸水）　70mℓ
[仕上げ]
塩
カレー粉
ヤングコーンの葉

① ヤングコーンはなるべくひげを残して皮をむき、ひげをひねりながら身に巻きつける。
② ボウルにころもの材料を入れて混ぜ合わせる。①の巻いたひげがほどけないように注意しながら、トングなどを使ってころもにくぐらせる。
③ フライパンに少量の揚げ油を入れて180℃に熱し、②を入れる。ひげがこんがりとしてきたら返し、両面を揚げ焼きにする。油をきって塩少々（分量外）をふり、好みで食べやすい大きさに切って器に盛り、塩、カレー粉各適宜を添える。ヤングコーンの葉を飾る。

[器] 古谷宣幸

ズッキーニのゆずこしょうチーズサラダ

ゆずこしょうがさわやか。5分でできるサラダ

生のズッキーニを
リボン状の薄切りにして。
暑さを吹き飛ばす、ゆずこしょうの
さわやかな刺激が心地よい。

材料（2人分）

ズッキーニ　1本

［ドレッシング］

ゆずこしょう、レモン汁　各小さじ1

塩、こしょう　各少々

オリーブオイル　大さじ3

［仕上げ］

パルミジャーノ・レッジャーノ

黒こしょう

チャービル

レモンの皮のすりおろし

ピンクペッパー

① ズッキーニは両端を少し切り落とし、ピーラーで縦に薄切りにする。

② ボウルにドレッシングの材料を入れて混ぜ合わせる。

③ 器に①を盛り、②を回しかける。仕上げの材料を順に各適宜散らす。

［器］古谷製陶所

ゴーヤーまるごとから揚げ

種は揚げるとサクサクに

ゴーヤーは揚げることで
まるごと、種ごと楽しめる。
クリームチーズのこくと
ゴーヤーのほろ苦さが絶妙。

材料（2人分）

ゴーヤー　1本
クリームチーズ　45g
しょうゆ、酒　各大さじ1
塩　適宜
揚げ油　適宜
[ころも]
小麦粉　大さじ1と1/2
片栗粉　大さじ2
[仕上げ]
パルミジャーノ・レッジャーノ
黒こしょう

① ゴーヤーは幅1〜1.5cmの輪切りにする。わたの部分をかるく押してくぼみをつけ、室温にもどしたクリームチーズをすりきりまで塗る。

② 丈夫なポリ袋にしょうゆ、酒を入れ、①を漬けて10分ほどおく。ころもの材料を加えてまぶす。

③ フライパンに揚げ油を入れて180℃に熱し、②を入れて両面がこんがりするまで揚げ、油をきる。

④ 塩をふって器に盛り、パルミジャーノ、黒こしょうを各適宜ふる。

きゅうりとみょうがのサラダ

シャキシャキのきゅうりとみょうがの香り、
生ハムの塩けが絶妙なバランスをつくる。
薬味をきかせた夏のサラダ。

きゅうりはスプーンでちぎって味をからみやすく

材料（2人分）

きゅうり　1本
みょうが　1個
生ハム　2〜3枚
［マリネ液］
オリーブオイル　大さじ1
レモン汁　小さじ1
しょうゆ　小さじ1弱
こしょう　少々
［仕上げ］
白いりごま

① きゅうりは両端を落として皮をしま目にむき、スプーンでちぎるようにして一口大に切る。みょうがは縦半分に切り、縦に薄切りにする。

② ボウルにマリネ液の材料、きゅうりを入れてあえ、5分ほどおく。ちぎった生ハム、みょうがを加えて混ぜ、味をみてたりなければ塩少々（分量外）を加える。冷蔵庫で30分ほど冷やす。

③ ②を器に盛り、白ごまを適宜ふる。

［器］甲田彩恵

きゅうりとささ身のヨーグルトサラダ

ヨーグルトであえると水っぽくならず、肉もしっとり

きゅうりと鶏ささ身を、
ヨーグルトでヘルシーにまとめる。
すっきりと食べごたえのある
デリ風サラダ。

材料（2人分）

きゅうり　1本
スナップえんどう　20g
鶏ささ身　2本（150g）
［ソース］
プレーンヨーグルト　40g
マヨネーズ　大さじ1
レモン汁　小さじ1
あればレモンの皮　少々
粒マスタード　小さじ1
塩　ひとつまみ
こしょう　少々
［仕上げ］
ミント
黒こしょう

① きゅうりはへたを落として、いぼをピーラーで落とすように皮をむく。縦半分に切って、種をスプーンで取り、斜めに切る。

② スナップえんどうはへたと筋を取り、たっぷりの湯に塩（分量外）を入れてゆで、ざるに上げる。ささ身もゆでて、さましてから食べやすい大きさに裂く。

③ ボウルに、ソースの材料を混ぜ、きゅうり、スナップえんどう、ささ身をあえる。

④ ③を器に盛りつけ、ミントを添えて黒こしょうを適宜ふる。

蒸しなすの韓国風マリネ

万願寺唐辛子のフレッシュトマトマリネ

余ったなすはまるごと冷凍して長期保存

酢とコチュジャンで甘じょっぱく仕上げた
「蒸しなすの韓国風マリネ」。
ひんやり冷やして味をなじませて。

材料（2人分）
なす　2個
白いりごま　適宜
青じその葉　2枚
［マリネ液］
酢、コチュジャン　各大さじ1
しょうゆ　大さじ2
砂糖　大さじ1と1/2
ごま油　小さじ1～2
［仕上げ］
青じその葉
糸唐辛子

①　なすは洗って水けを拭き、保存袋に入れて一晩以上冷凍する。
②　①を1個ずつふんわりとラップで包み、電子レンジで4～5分加熱する。冷水につけながら皮をむき、保存容器に入れる。
③　鍋にマリネ液の材料を入れてひと煮立ちさせ、熱いうちに②に加える。白ごまをふり、青じそをのせてラップで落としぶたをする。粗熱が取れたら冷蔵庫で30分以上置く。
④　③を器に盛り、せん切りにした青じそ、糸唐辛子を各適宜のせる。

作りおきOK。漬けるほどにおいしくなる

さわやかな青さと甘さ。
京野菜の万願寺唐辛子と
トマトの酸味がコラボレーション。

材料（2人分）
万願寺唐辛子　6本
トマト　1個
塩　適宜
オリーブオイル　適宜
［マリネ液］
酢、オリーブオイル　各大さじ2
塩　ひとつまみ
乾燥バジル　小さじ1
黒こしょう　少々
［仕上げ］
黒こしょう

①　万願寺唐辛子はへたの先を切り、つま楊枝などで数カ所穴をあける。トマトはへたを取り、5mm角に切る。
②　フライパンにオリーブオイルを中火で熱し、万願寺唐辛子を入れてころがしながら焼き色がつくまで焼き、塩をふる。
③　ボウルにマリネ液の材料を混ぜ合わせ、トマトを加える。
④　②をバットに並べ、③を回しかける。ぴったりとラップをかけて冷蔵庫で15分以上置く。器に盛り、黒こしょうを適宜ふる。

　［器］上／古谷宣幸　下／Emui × Shun

とうもろこしののり天ぷら

のりのじゅうたんで、作りやすく風味アップ

甘いとうもろこしにころもをまとわせて
天ぷらにしたら、ぷちぷちの食感が最高。
のりにのせると揚げやすくて、
味のアクセントにも。

材料（2人分）

とうもろこし　1本
焼きのり（全形）　2枚
塩　適宜
揚げ油　適宜
[ころも]
小麦粉　大さじ1
卵黄　1個分
[仕上げ]
穂じそ

① とうもろこしは薄皮を2枚ほど残して皮をむく。霧吹きなどで表面をぬらしてからラップで包み、電子レンジで4分加熱する。やけどに注意して薄皮をむき、包丁で身をこそげ取る。

② ボウルにころもの材料を入れて混ぜ、①を加えて混ぜる。

③ のりは約3cm四方に切る。

④ フライパンに揚げ油を入れて170℃に熱し、③に②をのせながら油に入れる（のりの面を下に）。およそ固まったら返し、全体に焼き色がつくまで揚げて油をきる。塩をふって器に盛り、穂じそを適宜散らす。

[器] 古谷宣幸

とうもろこしのバターソテー 梅パン粉あえ

意外な組み合わせがやみつきに

バターソテーした甘いとうもろこしに、
梅の酸味とカリカリパン粉がアクセント。
〈甘じょっぱい〉はいくつになっても正義だ。

材料（2人分）

とうもろこし　1本
梅干し（種を除いてたたく）　大さじ1弱
パン粉　大さじ2〜3
しょうゆ　小さじ1と1/2
バター　20g
塩　適宜
黒こしょう　少々
［仕上げ］
ディル

① とうもろこしは薄皮を2枚ほど残して皮をむく。霧吹きなどで表面をぬらしてからラップで包み、電子レンジで4分加熱する。やけどに注意して薄皮をむき、熱いうちにかるく塩をふってから包丁で身をこそげ取る。

② フライパンにバター10gを熱し、パン粉を入れて、弱火でカリッとして色づくまで炒める。しょうゆを回し入れてさっと混ぜ、取り出す。

③ 同じフライパンにバター10gを熱し、①を入れて中火で炒める。たたいた梅干し、②を順にフライパンの中であえる。塩、黒こしょうで調味し、器に盛る。ちぎったディルを適宜散らす。

まるごと無限ピーマン

ピーマンの丸焼き レモンバターしょうゆ

湯通しして氷水にとるとパキパキ食感に

まるごと食べられるのに、
捨ててしまうなんてもったいない。
わたと種のほろ苦さが絶妙なアクセントに。

材料（2人分）
ピーマン　1袋
ツナ缶詰　1缶
塩、こしょう　各適宜
サラダ油　小さじ1と1/2
ごま油　大さじ1と1/2
しょうゆ　小さじ1と1/2
［仕上げ］
かつお節

① ピーマンは縦半分に切ってからへたを除く。種とわたを取り出して粗いみじん切りにする。身は縦に幅5mmの細切りにする。
② 鍋に湯を沸かし、塩、サラダ油を加える。①の身を30秒ほど湯通ししてすぐに氷水にとる。水けをきる。
③ フライパンにごま油を弱火で熱し、種、わたを炒める。塩、こしょうをふり、しょうゆを回し入れる。香ばしい香りがしたらツナ缶を油ごと加えてさっと炒める。
④ 器に②を盛って③、かつお節適宜を順にのせる。

穴をあけて味しみをよくする

大胆に丸焼きにし、味つけはさっぱりと。
シンプルがゆえに、奥深い甘みを
しっかり感じることができる。
味が濃い、旬のピーマンでぜひ。

材料（2人分）
ピーマン　4個
バター　10g
しょうゆ　小さじ1強
レモン汁　適宜
［仕上げ］
パルミジャーノ・レッジャーノ
塩
黒こしょう
レモン

① ピーマンはフォークなどで数カ所に穴をあける。
② フライパンにバターを熱し、中火で①をころがしながら色づくまで焼く。しょうゆを加えて火を止め、味をからめる。レモン汁をふる。
③ 器に盛り、パルミジャーノ、塩、黒こしょうを各適宜ふる。レモンの皮を適宜すりおろしてふり、くし形に切ったレモンを添える。

　［器］上／TOKINOHA　下／西田由果

よだれオクラ

オクラに穴をあけ、味しみをよく

よだれ鶏風のたれに漬け込み、
ピリ辛に仕上げる。
ねばねばのオクラは、
うまいたれによくからむのだ。

材料（2人分）
オクラ　10本
塩　適宜
［漬け汁］
しょうゆ、オイスターソース、
　コチュジャン、酢　各大さじ1
砂糖、ごま油　各大さじ1/2
にんにくのすりおろし　少々
白すりごま　適宜
［仕上げ］
糸唐辛子

① オクラは塩をふって板ずりをする。がくを取り、熱湯で1分30秒ほどゆでる。すぐに氷水にとって水けをきり、竹串などで2カ所ほど穴をあける。
② ボウルに漬け汁の材料を入れて混ぜ合わせる。
③ ②に①を加えて20分以上おく。器に盛り、糸唐辛子を適宜のせる。

※冷蔵で3日ほど保存可能。

オクラと長いものコンビから揚げ

余りがちなめんつゆとオリーブオイルで簡単に

カリッと揚げたオクラと長いもは、
外は香ばしく中はほくほく。
冷蔵庫に余りがちなめんつゆで
ささっと味つけして。

材料（2人分）
オクラ　5本
長いも　150g
めんつゆ（4倍濃縮）　大さじ2
オリーブオイル　大さじ1
塩、こしょう　各適宜
片栗粉　大さじ2～3
揚げ油　適宜
［仕上げ］
糸唐辛子

① オクラはがくを取り、長さ1.5～2㎝に切る。長いもは皮をむき、一口大に切る。
② ボウルに①を入れ、めんつゆ、オリーブオイル、塩、こしょうを加えてあえる。そのまま15分ほどおく。片栗粉を加えて全体にまぶす。
③ フライパンに揚げ油を入れて170℃に熱し、②をこんがりと色づくまで揚げて油をきる。器に盛り、糸唐辛子を適宜のせる。

モロヘイヤのだし、ひやむぎ

モロヘイヤをたたけば、とろ・ねばでうまい

山形の「だし」をヒントに
モロヘイヤで作ったら、
ねばねば、とろりと最高だった。
ひやむぎやそうめんに合わせて。

材料（2人分）
モロヘイヤ　1束
ミニトマト　5個
ひやむぎ　180g
めんつゆ（ストレート）　1/4カップ
白すりごま、ごま油　各適宜

① モロヘイヤは葉を摘み、茎の堅い部分は切り落とす。ミニトマトはへたを取り、横半分に切る。
② 鍋に湯を沸かし、塩少々（分量外）を加える。モロヘイヤの茎は1分、葉は30秒ほどゆでる。すぐに氷水にとってさまし、水けをしっかりと絞る。茎は細かい小口切りに、葉はたたくようにみじん切りにする。
③ ボウルに②、めんつゆ、すりごま、ごま油、ミニトマトを入れる。まんべんなく混ぜ合わせて冷蔵庫で10分ほど冷やす。
④ ひやむぎを袋の表示どおりにゆで、氷水でしめる。水けをきって器に盛り、③をかける。

［器］小野象平

きぬさやとじゃがいものシャキシャキサラダ

さっと炒めることでシャキシャキ食感に

極細に切ってカッペリーニを模した一皿。
炒める時間は数十秒。
きぬさやの歯ざわりと
味わいが引き立つように。

材料（2人分）

きぬさや　15枚（45g）
じゃがいも（メイクイーン）　1個
オリーブオイル　適宜
塩、こしょう　各少々
ごま油　小さじ1〜2
ポン酢しょうゆ、マヨネーズ　各大さじ1
[仕上げ]
黒こしょう
白いりごま
糸唐辛子

① きぬさやはへたと筋を取ってせん切りにする。じゃがいもは皮をむき、スライサーで薄切りにしてからせん切りにし、水にさらす。水けをしっかりと絞り、ペーパータオルの上に広げて水けを取る。
② フライパンにオリーブオイルを中火で熱し、①を30〜40秒さっと炒める（きぬさやの緑が濃くなるまで）。ボウルに取り出す。
③ ②に塩、こしょう、ごま油、ポン酢、マヨネーズを加えてあえる。さめたら器に盛り、黒こしょう、白ごまを各適宜散らして糸唐辛子を適宜のせる。

ミニトマトとしじみのスープ

ミニトマトの半量は炒めてうまみを引き出す

ミニトマトとしじみのうまみが
この一杯にぎゅっと詰まっている。
夏バテ予防にぴったりのスープ。

材料（2人分）

ミニトマト　10～15個
しじみ（砂抜きしたもの）　30g
にんにく　1かけ
オリーブオイル　大さじ1
塩、こしょう　各適宜
白ワイン　1/4カップ
白だし　大さじ1/2
［仕上げ］
オリーブオイル
黒こしょう

① ミニトマトはへたを取り、横半分に切る。にんにくは包丁の腹でつぶす。

② 鍋にオリーブオイル、にんにくを入れて中火にかけ、香りが立ったらしじみ、白ワインを加える。ふたをして5分ほど蒸し煮にする。しじみの口が開いたらミニトマトの1/2量、塩少々、こしょうを加えてにんにくを取り出し、水けがなくなるまでよく炒める。

③ 水350mℓを加え、煮立ったら白だし、塩少々で味をととのえて残りのミニトマトを加え、ひと煮立ちさせる。器に盛り、オリーブオイルを適宜回しかけ、黒こしょうを適宜ふる。

［器］冨部咲喜子

トマト丼

どんなトマトでも、焼くと格段にうまくなる

発想はリゾット。焼いたトマトをご飯にのせてパルミジャーノをかけるだけでぜいたくなトマト丼が完成。トマトは焼くと本当にうまい。

材料（2人分）

トマト　2個
バター　20g
塩　適宜
［バターライス］
冷やご飯　茶わん2杯分
バター　15g
塩、こしょう　各適宜
しょうゆ　少々
［仕上げ］
塩
パルミジャーノ・レッジャーノ
乾燥パセリ

① トマトはへたを除き、横半分に切る。

② バターライスを作る。フライパンにバターを熱し、中火でご飯を炒めて、塩、こしょうをふる。しょうゆをふって香りをつけ、器に盛る。

③ 同じフライパンにバターを入れ、弱火にかける。じっくりと加熱し、ナッツのような色になったら、①のトマトの断面を下にして焼く。塩をふり、返して計5分ほど焼く（柔らかいのでさわりすぎないように）。

④ ②の器に③をのせ、フライパンに残ったソースをかける。塩、パルミジャーノ、パセリを各適宜ふる。

［器］小野象平

すいかのガスパチョ

桃のコンポート、カクテル仕立て

すいかの甘さとトマトの酸味が絶妙

すいかとトマトで作るガスパチョ。
甘みと酸味が調和し、
夏の暑さをやわらげてくれる。

材料（2人分）

すいか　1/2個
トマト（中）　1個
トマトジュース
（食塩不使用）　約1/2カップ
塩　適宜
オリーブオイル　大さじ1
酢　大さじ1
［仕上げ］
オリーブオイル
黒こしょう
好みのハーブ

①　すいかはスプーンなどで身をとり、種を取って一口大に切る。トマトはへたを取り、5㎜角に切る。すいかの皮の白い部分適宜は5㎜角に切る。
②　ミキサー（またはハンドブレンダー）にすいかの赤い部分、トマトジュース、塩少々、オリーブオイルを入れて撹拌する（好みで裏ごしする）。冷蔵庫で冷やす。
③　塩少々、酢で味をととのえ、器に盛る。①のトマト、すいかの皮の白い部分をトッピングし、オリーブオイルを適宜回しかけて黒こしょうを適宜ふり、ハーブを飾る。

アレンジ自在。ヨーグルトやアイスクリームに添えても

甘くなかったり、堅い桃にはこのレシピ。
白ワインとはちみつで、
たった5分煮込むだけで、
とっておきのコンポートに。

材料（2人分）

桃　2個
［シロップ］
水　1と1/2カップ
白ワイン　1カップ
砂糖　70g
はちみつ、レモン汁　各大さじ1
［仕上げ］
炭酸水
ローズマリー

①　桃はよく洗い、皮つきのまま半分に割って種をくり抜く。
②　鍋にシロップの材料をすべて入れて中火にかけ、煮立ったら弱火にする。
③　②に桃の皮を下にして入れ、桃の断面にシロップをかける。ペーパータオルをかぶせ、弱火で5分ほど煮て火を止める。
④　そのままゆっくりとさましながら味をしみ込ませる。さめたらシロップごと保存袋に入れて空気を抜きながら口を閉じ、冷蔵庫で冷やす。
⑤　食べる前に桃の皮をむいてシロップとともに器に盛る。炭酸水を注ぎ、ローズマリーを適宜添える。

　［器］上／冨部咲喜子　下／野中麟太郎

盛りつけを工夫する

美しく盛りつけるために、僕がいつも意識しているのは、
「余白をつくる・しぼる・くずす」の3点です。
器の中に余白・空間があると
ヌケ感が出て洗練された印象になります。
あれこれと盛らず、見せたいものをいくつかにしぼる。
たくさんのパーツがある料理でも
食材をあえて隠すように重ねて盛ることで、
魅力的に見えることがあります。
また、バランスがとれすぎているよりあえてくずすことで、
その違和感から記憶に残る一皿になることも。

余白をつくる

- 器いっぱいに盛らず、余白をつくる
- 空気を含ませてふんわりと盛る
- 高さを出して盛ることで、
空間に余白が生まれる

的をしぼる

- 使う色を３色以下にしぼる
- メインの食材が
パッと見てわかるようにする

あえて バランスをくずす

- 真ん中に盛らず、重心をずらす
- 異なるテクスチャーの食材をアクセントにする
（液体のソース、柔らかい質感のハーブ・チーズなど）
- ソースは点で置いたり、ダイナミックに線を描いたり

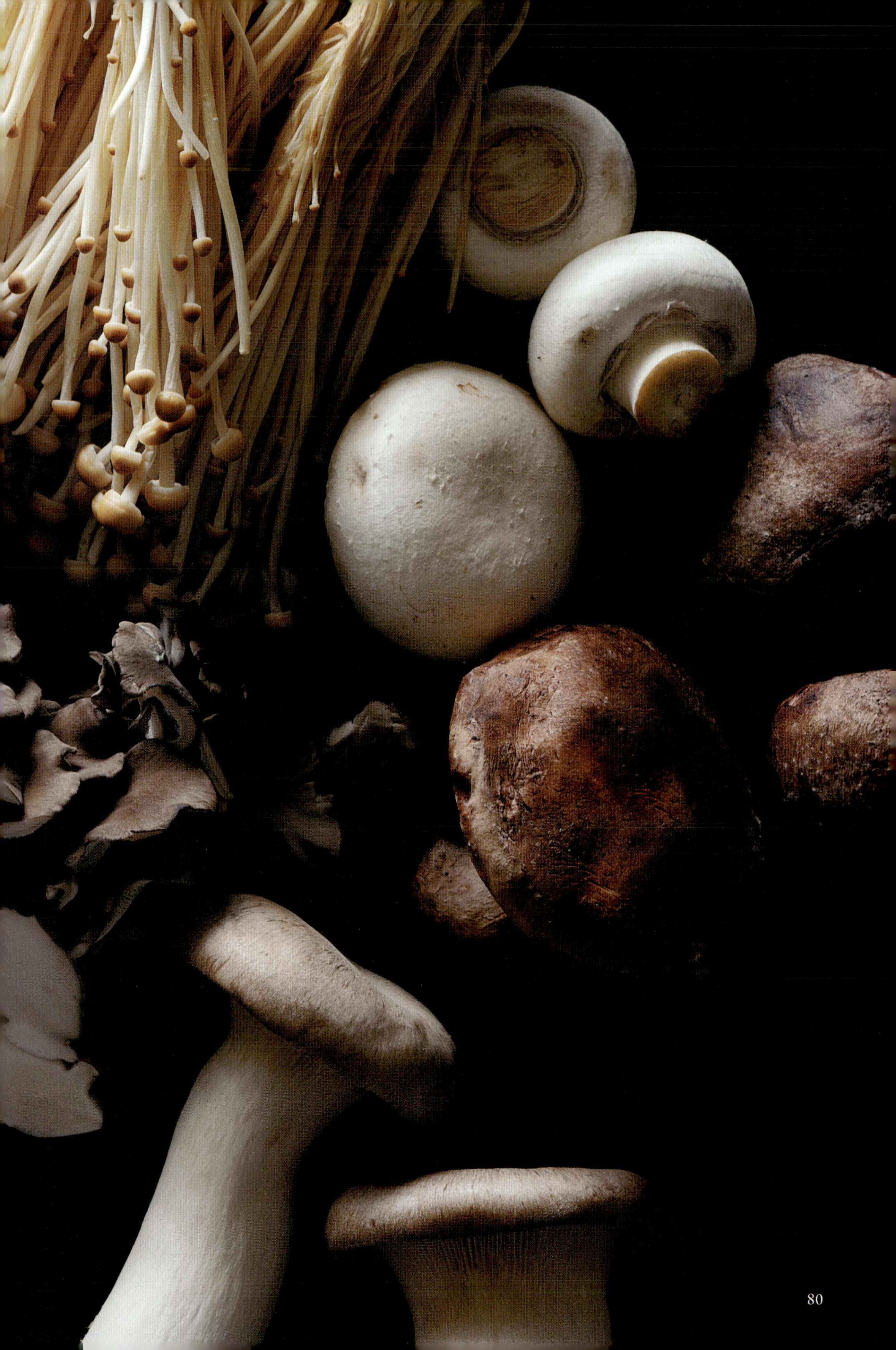

秋の野菜

さまざまな種類のきのこや
ほっくり、甘みをたたえた根菜類が旬を迎える秋。
冷たくなった風にちょっと
センチメンタルになっても、そこは食欲の秋。
豊富な秋の味覚を前にすると
わくわくが止まらない。

きのこの揚げ餃子

潔く肉はなし！
エリンギとまいたけをたっぷり包む。
揚げると皮はカリッ、
中からうまみがじんわりと。
パルミジャーノが
味に深みを出してくれる。

こぼれやすいので、ひだをつけずに包む

材料（2 人分）

エリンギ　1/2 パック（50g）
まいたけ　1/2 パック（50g）
餃子の皮　10 枚
パルミジャーノ・レッジャーノ　大さじ 2 〜 3
塩、こしょう　各少々
揚げ油　適宜
［仕上げ］
すだち

① エリンギ、まいたけはみじん切りにする。
② ボウルに①を入れ、塩、こしょう、パルミジャーノを加えて混ぜ合わせる。
③ 餃子の皮 1 枚の縁に水適宜をつけ、②のたねの 1/10 量をのせて 2 つ折りにする。端をつまんでしっかりと閉じる。残りも同様にして包む。
④ フライパンに揚げ油を高さ 2㎝ほど入れて 160℃に熱する。③を入れ、ときどき返しながらこんがりと色づくまで揚げ、油をきる。
⑤ 器に④を盛る。すだちの皮を適宜すりおろしてふり、半分に切ったすだちを添える。

マッシュルームと切り干し大根のサラダ

切り干し大根は熱湯をかけて臭みを消す

マッシュルームのしっとり感と、切り干し大根のシャキッとした歯ざわりが絶妙にマッチ。かんきつの酸味がアクセントに。

材料（2人分）

マッシュルーム　6個
切り干し大根　400g
すだちの絞り汁
（レモン汁でも可）　大さじ1
マヨネーズ　大さじ1と1/2
塩　ひとつまみ
黒こしょう　少々
［仕上げ］
パルミジャーノ・レッジャーノ
オリーブオイル
すだち
塩
黒こしょう

① 切り干し大根はボウルに入れてかぶるくらいの水を注ぐ。5分ほどつけてざるに上げ、水けを絞ってボウルに戻す。熱湯をかけ、さめてから水けをよく絞る。長ければ、食べやすく切る。

② ボウルの水けを拭いて①を入れ、塩、黒こしょう、マヨネーズを加えてあえる。

③ マッシュルームは軸を取って薄切りにする。すだちの絞り汁に5分ほどつけてマリネする。

④ 器に切り干し大根を広げ、上にマッシュルームを散らす。仕上げに薄い輪切りにしたすだち3〜4切れをのせて、塩、黒こしょう、パルミジャーノを各適宜ふり、オリーブオイルを適宜回しかける。

［器］Emui × Shun

しいたけの軸ごとから揚げ

しいたけは軸ごと切ってまるごと揚げる

肉厚のしいたけを薄ごろもで。
しょうゆベースの味つけで、
うまみが口いっぱいに広がる。

材料（2人分）

生しいたけ　5～6個
片栗粉　大さじ3
しょうがのすりおろし　少々
めんつゆ（3倍濃縮）　大さじ3※
酒　小さじ1
揚げ油　適宜
［仕上げ］
すだち

※しょうゆ大さじ1、みりん大さじ1、白だし小さじ1と1/2で代用しても

① しいたけは石づきを落とし、軸ごと食べやすい大きさに切る。

② ボウルにしょうが、めんつゆ、酒を入れて混ぜる。①を加えてあえ、10分ほどおく。片栗粉をまぶす。

③ フライパンに揚げ油を高さ2cmほど入れて180℃に熱する。②を入れ、全体がこんがりするまで揚げ、取り出して油をきる。器に盛り、くし形に切ったすだちを添える。

　［器］荒賀文成

かぼちゃとさつまいもの ヨーグルトサラダ

クリームチーズは室温にもどしてなめらかにしておく

ヨーグルトの酸味とまろやかさが
かぼちゃとさつまいもの
甘さを際立てる。

材料（2人分）
かぼちゃ　1/4個
さつまいも　1/2本
クリームチーズ　大さじ3
プレーンヨーグルト　大さじ3
マヨネーズ　大さじ2
塩　ひとつまみ
こしょう　少々
くるみ（ロースト）　適宜
［仕上げ］
はちみつ
黒こしょう

① かぼちゃはわたと種を除き、4cm角に切って半分は皮をむく。さつまいもは皮をむき、幅3cmの角切りにし、水に5分ほどさらす。
② 耐熱容器に①をのせ、ぬらしたペーパータオルをかぶせてふんわりとラップをかけ、電子レンジで7〜8分加熱する。
③ 室温にもどしたクリームチーズをなめらかになるまで混ぜ、ヨーグルト、マヨネーズを加えて混ぜ合わせ、塩、こしょうで味をととのえる。
④ ③に②、かるく砕いたくるみを入れ、さっとあえて器に盛る。はちみつ、黒こしょうを各適宜ふる。

［器］古谷宣幸

かぼちゃの甘酒ポタージュ

甘酒を入れたら沸騰させずに温める

甘酒を加えると
かぼちゃとなじむ、やさしい甘さに。
ひと口ごとに心を満たしてくれる。

材料（2 人分）

かぼちゃ　1/4 個
玉ねぎ　1/4 個
バター　10g
米　大さじ 2
甘酒　80mℓ
牛乳　1/4 ～ 1/2 カップ
洋風スープの素（固形）　1/2 個
塩、こしょう　各少々
［仕上げ］
好みのナッツ（刻む）
黒こしょう
オリーブオイル
パセリのみじん切り

① かぼちゃは皮をむき、幅 5㎜ほどの薄切りにする。玉ねぎは薄切りにする。

② 鍋にバターを中火で熱し、玉ねぎを炒める。玉ねぎが透き通ってきたら、米、かぼちゃを加えてさっと炒める。

③ ②に水 1/2 カップ、洋風スープの素を加えて弱火にし、ふたをして 10 分ほど煮る。かぼちゃと米が柔らかくなったら、火を止めて粗熱を取る。

④ ③に甘酒を加え、ミキサー（またはハンドブレンダー）で撹拌する。鍋に戻して弱火にかけ、好みの濃度になるまで牛乳を加えてのばしながら温める。

⑤ 塩、こしょうで味をととのえる。器に盛り、ナッツ、パセリ、黒こしょう、オリーブオイル各適宜を順にふる。

［器］冨部咲喜子

ごぼうとチーズ

ごぼうはじっくり焼いて香りを引き出す

ころがしながらじっくり焼いて
チーズを合わせ、
ごぼう特有の香りを楽しむ。
シンプルイズベスト。

材料（2人分）

ごぼう　1～2本
プロセスチーズ（個包装）　4個
片栗粉　大さじ2
オリーブオイル　大さじ2
塩　ひとつまみ
こしょう　少々
白すりごま　大さじ1

①　ごぼうはよく洗って皮つきのまま幅2㎝に切る。プロセスチーズは1㎝の角切りにする。

②　ポリ袋に片栗粉を入れ、ごぼうを入れて振り、まんべんなくまぶす。

③　フライパンにオリーブオイルを中火で熱し、ごぼうを入れて焼く。ある程度焼き色がついたら弱火にし、10分ほどかけてじっくりと焼く。

④　③をボウルにあけ、プロセスチーズ、すりごま、塩、こしょうを加えてあえる。

［器］和田山真央

ごぼうと春菊のかき揚げ

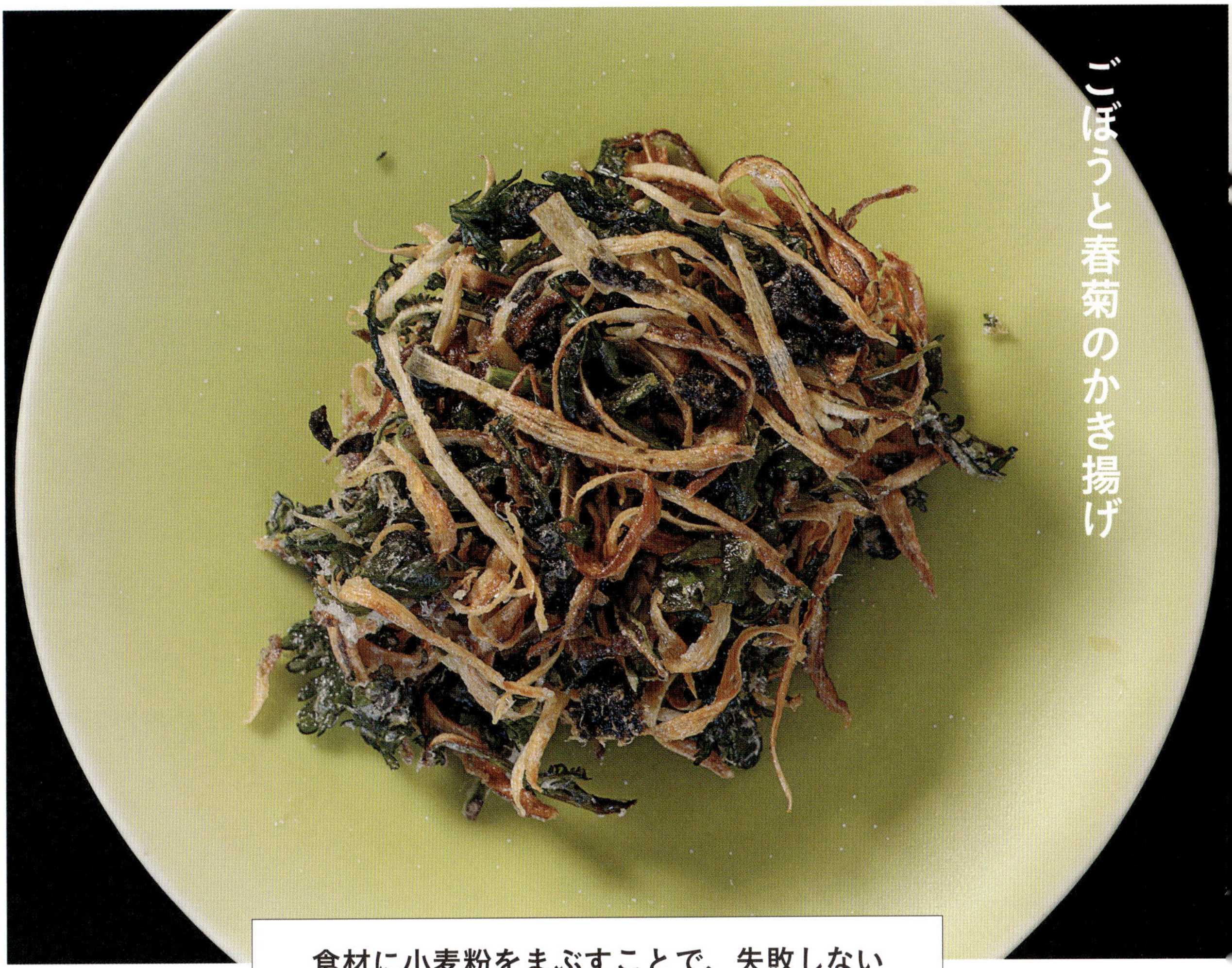

食材に小麦粉をまぶすことで、失敗しない

ごぼうと春菊はともに、油との相性が抜群。そこにのりの風味が加わり、かむほどに香りが広がる。

材料（2人分）

ごぼう　2本
春菊　1わ
もみのり　適宜
小麦粉　大さじ1～
揚げ油　適宜
［バッター液］
卵黄　1個分
小麦粉　大さじ1と1/2
水　1/4カップ
［仕上げ］
塩

① バッター液を作る。ボウルに卵黄と水を混ぜ、小麦粉を加えて上から押さえるように混ぜる（練らないように。だまになってもOK）。

② ごぼうは洗って皮つきのままピーラーで長さ5cmに削り、水にさらす。春菊は葉を摘み、食べやすい長さに切る。茎は長さ5cmに切る。ごぼうはペーパータオルで水けを拭く。

③ 別のボウルにごぼう、春菊を入れ、小麦粉大さじ1、のりを加えて全体に薄く粉をまぶす。

④ ③に①のバッター液を加える。少しずつ小麦粉を追加して、全体の堅さを調整する（ギリギリ食材がくっついている状態）。

⑤ フライパンに揚げ油を入れ、170℃に熱する。④の1/2量を入れて菜箸などで形を整えながら揚げる。取り出して、油をきる。器に盛り、塩適宜をふる。

［器］和田山真央

里いものから揚げ

里いもとモッツァレラのマッシュポテト

フォークで割ってからカリッと揚げて

里いもを皮ごとから揚げに。
外はカリッと香ばしく、中はねっとり。
秋の味覚を堪能できる一皿に。

材料（2人分）
里いも　5個
めんつゆ（ストレート）　大さじ3
片栗粉　大さじ3
揚げ油　適宜
［仕上げ］
塩
すだち

① 里いもはよく洗って皮つきのまま耐熱皿にのせ、ふんわりとラップをかけて、電子レンジで3～4分加熱する（竹串がスッと刺さるまで）。フォークで2～3等分に割る。
② ボウルに①を入れ、めんつゆを回しかけて10分ほどおく。片栗粉をまぶす。
③ フライパンに揚げ油を高さ2㎝ほど入れて180℃に熱する。②を入れ、ときどき返しながらこんがりと色づくまで揚げ、取り出して油をきる。器に盛り、里いもに塩少々をふって、くし形に切ったすだちを添える。

牛乳を少しずつ加えてなめらかに仕上げる

ねっとり里いもに
モッツァレラを混ぜた
濃厚マッシュポテト。
パンにつけて。

材料（2人分）
里いも　4～5個
牛乳　1/4～1/2カップ
モッツァレラチーズ　50g
オリーブオイル　大さじ1
塩　ひとつまみ
こしょう　少々
［仕上げ］
オリーブオイル
黒こしょう
好みのパン

① モッツァレラは食べやすい大きさに切る。
② 里いもはよく洗い、皮つきのまま包丁で切り込みを一周入れる。耐熱容器に里いもを入れ、ふんわりとラップをかけて電子レンジで4分加熱する。
③ ②の里いもに竹串を刺してスッと通れば、皮をむいてスプーンでつぶす。
④ 鍋に③と、オリーブオイル、牛乳1/4カップを入れてハンドブレンダー（ミキサーでも可）にかける。
⑤ ④を弱火にかけて、焦げないようによく混ぜながらモッツァレラを入れる。牛乳を少しずつ注いで溶きのばし、煮立つ直前に火を止め、塩、こしょうで味をととのえる。
⑥ 器に盛りつけ、オリーブオイル大さじ1/2と、黒こしょう少々をかけ、パンを添える。

かぶとブルーチーズのサラダ

表面をさっと焼いて、かぶの食感を残す

ソテーしたかぶにブルーチーズを合わせた温かいサラダ。甘さと塩けのバランスが絶妙で、淡泊な味になりがちなサラダに華やかさを持たせて。

材料（2人分）

かぶ　2個
好みのブルーチーズ　適量
オリーブオイル　大さじ1と1/2
塩、こしょう　各少々
［仕上げ］
はちみつ
黒こしょう
すだちやレモンの皮

① かぶは茎を2cmほど残して葉を切り落とす。幅1～1.5cmの輪切りにする。
② チーズは1cm角に切る。
③ フライパンにオリーブオイルを中火で熱し、かぶの表面を返しながらさっと焼き、塩、こしょうで味をととのえる。
④ 器にかぶを盛りつけ、チーズを散らして、はちみつ、黒こしょう、すりおろしたすだちの皮を各適宜散らす。

［器］瀬川辰馬

かぶの塩昆布ソテー

かぶの葉は茎と分けて切る

かぶの甘さと塩昆布のうまみが合わさり、
全体をすだちの酸味が
さわやかにまとめてくれる。

材料（2人分）

かぶ　2個
塩昆布　小さじ2
オリーブオイル　大さじ1と1/2
すだちの絞り汁
（レモン汁でも可）　大さじ1
［仕上げ］
白すりごま

①　かぶは茎を1cmほど残して葉を切り落とし、6等分ほどのくし形切りにする。葉はざく切りに、茎は斜めに長さ3〜4cmに切る。
②　フライパンにオリーブオイルを中火で熱し、かぶを炒める。かぶに焼き色がついてきたらかぶの葉と茎、塩昆布を入れてさっと炒める。すだちの絞り汁を回しかける。
③　器に盛りつけ、白ごまを適宜かける。

れんこんきんぴらと生ハム

れんこんは水にさらさずシャキシャキ食感を生かす

シャキシャキのれんこんのきんぴらに生ハムが加わることでしゃれた一皿に。山椒がおいしさを後押ししてくれる。

材料（2人分）

れんこん　1節
生ハム　6枚
しょうゆ　大さじ1
酒　大さじ1/2
みりん、酢　各少々
サラダ油　大さじ1
白いりごま　適宜
［仕上げ］
粉山椒

①　れんこんはよく洗い、皮つきのまま、幅2cmほどの半月切りにする。
②　フライパンにサラダ油を中火で熱し、①を並べ入れる。3分ほど焼いたら裏返し、さらに3分ほど焼く。両面に焼き色がついたら、しょうゆ、酒、みりん、酢を入れてつやが出るまで炒め、ごまを加える。
③　器に②とちぎった生ハムを盛りつけ、粉山椒を適宜かける。

［器］TOKINOHA

皮つきれんこんのステーキ

皮つきのまま全体をこんがり焼きつける

れんこんをじっくり焼き上げ、カリカリチーズの羽根をつけた豪快なステーキ。

材料（2人分）
れんこん　大1節（160g）
スライスチーズ（溶けるタイプ）　2枚
オリーブオイル　大さじ1/2
しょうゆ　大さじ1/2
塩　ふたつまみ
［仕上げ］
オリーブオイル
黒こしょう

① れんこんはよく洗い、皮つきのまま塩を全体にすり込む。ぬらしたペーパータオルで包み、さらにラップを巻いて、電子レンジで2～3分加熱する。
② ①を幅4cmほどに切る。フライパンにオリーブオイルを中火で熱し、れんこんを全体に焼き色がつくまで、ころがしながら10分ほど焼く。バットなどに取り出す。
③ 同じフライパンにチーズを入れる。溶けてきたら、上に②をのせて、チーズがパリパリになるまで焼く。しょうゆをかける。
④ 器に盛りつけ、オリーブオイルを適宜回しかけ、黒こしょうを適宜ふる。

長いもステーキ

長いもと桜えびの落とし揚げ

外側は香ばしく焼いて、中心は生でもOK

長いもを大胆にステーキに。
ほくほくとしゃくしゃく、
2つの食感が同時に楽しめる。

材料（2人分）
長いも　200g
しょうゆ　大さじ1/2
サラダ油　大さじ1と1/2
塩、こしょう　各少々
［あおさバター］
バター　30g
あおさ（または青のり）　3g
［仕上げ］
塩

① あおさバターを作る。ボウルに室温にもどしたバターとあおさを混ぜ合わせる。ラップでくるんで円筒状にして冷蔵庫に置く。
② 長いもは表面のひげ根をバーナーやコンロでさっとあぶる。皮つきのまま半分に切る。
③ フライパンにサラダ油を中火で熱し、長いもを焼く。焼き色がついたら弱火にして5分ほど焼き、裏返してさらに5分焼く。両面が焼けたら塩、こしょうで味をととのえる。
④ 中火にし、水大さじ1としょうゆを加えてふたをし、一気に蒸し焼きにする。
⑤ 器に盛りつけ、熱いうちにあおさバターを好みの厚さに切ってのせ、塩を適宜ふる。

すべてポリ袋の中で完結

長いもに桜えびの風味が絶妙にからむ。
見た目は少し地味だけど、
人気の料理はたいがい茶色いのだ。

材料（2人分）
長いも　120g
桜えび　8g
あおさ（または青のり）　大さじ1
小麦粉、片栗粉　各大さじ1弱
塩　ふたつまみ
揚げ油　適宜

① 長いもは表面のひげ根をバーナーやコンロでさっとあぶる。ポリ袋に入れて、めん棒などでたたき、スプーンですくえるくらいに粗くつぶす。
② ①に桜えび、あおさ、小麦粉、片栗粉、塩を入れてよく混ぜる。
③ フライパンに揚げ油を高さ2cmほど入れて180℃に熱する。②をスプーンで一口大にすくって入れてこんがりするまで揚げ、取り出して油をきる。器に盛りつける。

［器］上／古谷宣幸　下／野中麟太郎

さつまいもと栗のガレット パルミジャーノがけ

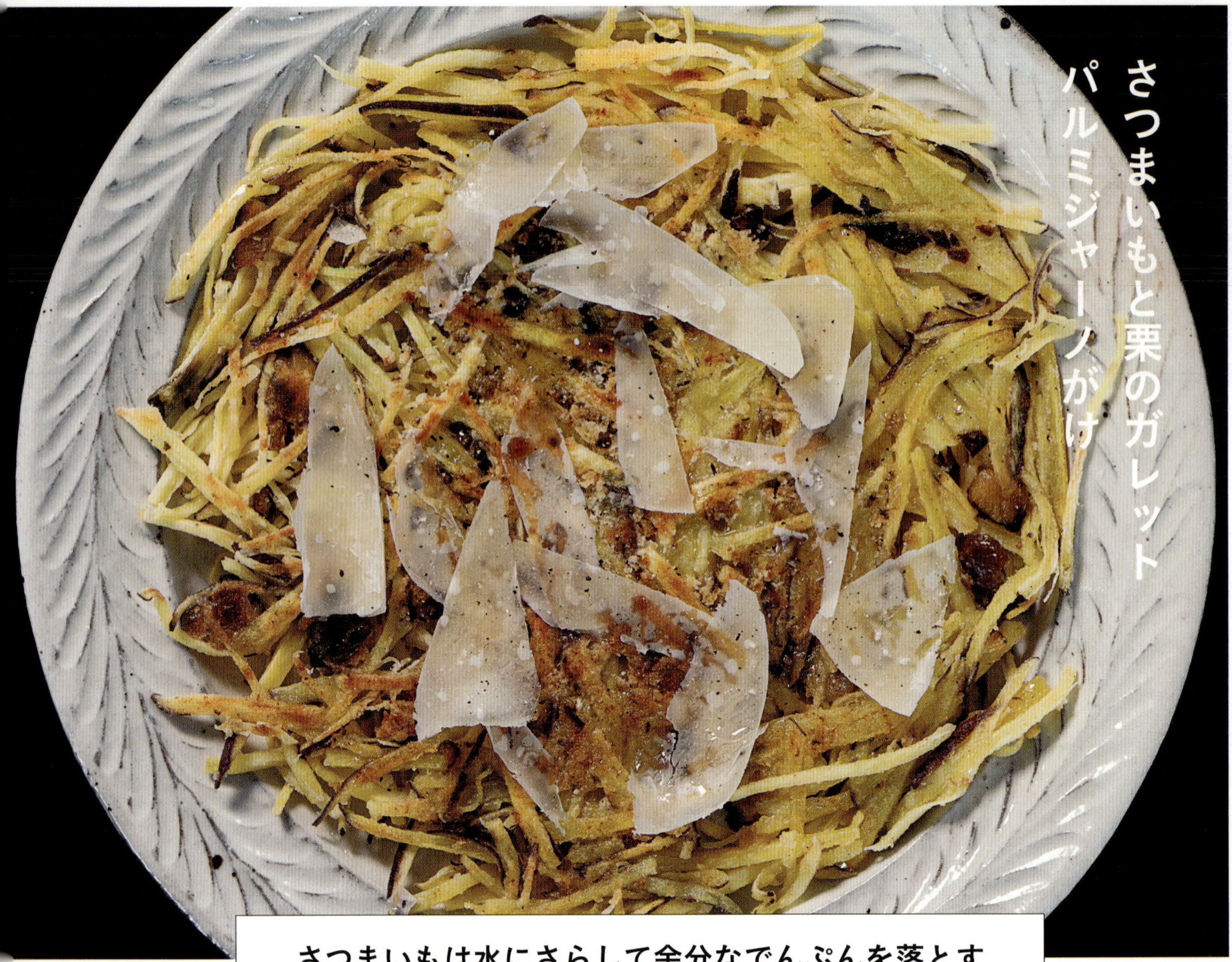

さつまいもは水にさらして余分なでんぷんを落とす

さつまいもを薄く焼き上げたガレット。
パルミジャーノの塩けが
さつまいもの甘みを引き立てて。

材料（直径約 20㎝のもの 2 枚分）

さつまいも　小 1 本（150g）
むき甘栗　6 個
パルミジャーノ・レッジャーノ
　大さじ 1 〜 2
片栗粉　大さじ 2
小麦粉　大さじ 1
塩　ふたつまみ
バター　10g
［仕上げ］
パルミジャーノ・レッジャーノ
はちみつ
黒こしょう

① さつまいもはよく洗って皮つきのまません切りにし、水に 5 分さらす。むき甘栗は包丁の腹でつぶす。さつまいもの水けをきる。

② ボウルに①と塩、片栗粉、小麦粉、すりおろしたパルミジャーノを入れて混ぜる。

③ 直径 20㎝のフライパンにバターを中火で熱し、②の生地の 1/2 量を薄く広げ 5 分ほど焼いて裏返し、さらに 3 分焼く。残りも同様に焼く。

④ 器に盛り、薄く削ったパルミジャーノをのせ、はちみつ、黒こしょうを各適宜かける。

焼きいもと焼きベーコンのサラダ

さつまいもはじっくり焼いて甘さを引き出す

ねっとり甘い焼きいもと
カリカリベーコンを合わせたサラダ。
見た目も、食感も、味もどれも最高。

材料（2 人分）

さつまいも　1 本（180g）
ベーコン　25g
バター　10g
マヨネーズ　大さじ 1 と 1/2
粒マスタード　大さじ 1
塩　少々
[仕上げ]
オリーブオイル
黒こしょう

① さつまいもはよく洗い、皮つきのままペーパータオルに包んでぬらし、アルミホイルで巻く。160℃のオーブンで 80 分焼く。そのまま、30 分ほどオーブンの中に入れておく。

② 粗熱を取った①を縦半分に切り、中身をくりぬいて皮は残しておく。ベーコンを食べやすい大きさに切る。フライパンにバターを入れて中火で熱し、ベーコンをカリカリになるまで炒める。

③ ボウルに、②のさつまいもとベーコンの 1/2 量、塩、マヨネーズ、粒マスタードを入れ、よく混ぜる。

④ ②で残しておいたさつまいもの皮に③を詰める。残りのベーコンを刺すように飾りつける。オリーブオイル少々を回しかけ、黒こしょうを適宜かける。

いちじくのブリュレ

砂糖は少し焦がして、いちじくにさっとからませる

キャラメリゼしたいちじくは、ほろ苦さから果実の甘さに変化する味のグラデーションを楽しんで。

材料（2人分）

いちじく（大）　1個
アールグレイの茶葉
（ティーバッグ）　1個分
砂糖　大さじ4
［仕上げ］
バニラアイスクリーム

① いちじくはよく洗い、皮つきのまま縦半分に切る。バットなどにいちじくを並べ、断面にアールグレイの茶葉をふりかけ、5分以上冷蔵庫に置く。

② 直径20㎝のフライパンを弱火にかけ、砂糖と水大さじ1/2を入れて薄いキャラメル色になるまであまり動かさずに待つ。

③ いちじくの断面を下にして②の上に置く。フライパンをかるく揺すりながら、さっとキャラメルを全体にからめる。網などに断面を上にして置いて少しさまし、表面を固める（冷蔵庫に入れてもよい）。

④ 器にバニラアイスを盛り、いちじくをのせる。

［器］古谷朱里

柿とブッラータチーズ

柿は皮つきのまま４等分に切るとむきやすい

柿の凝縮された甘さとブッラータチーズの
ミルキーなこくが相性抜群。
切って合わせるだけの極上サラダ。

材料（2人分）

柿　1個
ブッラータチーズ　1個
すだち　1個
塩　少々
［仕上げ］
すだちの皮
黒こしょう
ディル

①　柿は４等分に切り、皮をむいて種を取り出し、食べやすい大きさに切る。

②　すだちは横半分に切る。

③　バットなどに柿を並べ入れ、塩をかける。すだちの1/2量を絞って5分置いておく。絞ったすだちの皮適宜をすりおろす。

④　器に、③の柿とブッラータチーズ、すだちの1/2量を盛る。すりおろしたすだちの皮と、好みで黒こしょう適宜をふり、ディルを散らす。

　［器］和田山真央

冬の野菜

大根、白菜、ねぎにカリフラワー。
冬野菜は白っぽくて大きくて、堅いものも多い。
そして寒くなればなるほど甘くなる。
火を通すととろりと柔らかく、あつあつをほおばれば、
冷えた体をしんから温めてくれる。

冬野菜と豚肩ロースのポトフ

ふたを開けたら立ち上る湯気に心を奪われる。
中にはごろっと冬野菜。
豚肩ロースをじっくりと時間をかけて煮込むことで、
野菜の甘みと肉のうまみがほろりと溶け合う。

好きな具材をことこと煮込む

材料（2人分）

豚肩ロースかたまり肉　150g × 2 枚
キャベツ　1/8 個
れんこん　150g
じゃがいも　2 個
にんじん　1/2 本
玉ねぎ　1 個
にんにく（つぶす）　1 かけ
赤唐辛子の輪切り　少々
白ワイン　1/4 カップ
ローリエ　1 枚
塩、こしょう　各適宜
洋風スープの素（固形）　1 個
オリーブオイル　大さじ 1
[仕上げ]
オリーブオイル
黒こしょう

① 豚肉は、塩、こしょう各少々をふってすり込む。野菜はすべて大きめに切る。
② 鍋にオリーブオイルを中火で熱し、豚肉の表面を焼きつけて取り出す。
③ 同じ鍋ににんにく、①のじゃがいも、にんじん、れんこん、玉ねぎを入れて中火にかける。さっと油をからめて塩、こしょう各少々をふり、キャベツを加える。
④ 白ワインを加えて弱火にし、ふたをして 5 分ほど蒸し煮にする（焦げないように注意する）。かぶる程度の水を加えて中火にし、煮立ったらアクを除く。
⑤ ②の豚肉を鍋に戻し、赤唐辛子、ローリエ、スープの素を加えて弱火で 1 時間ほどふたをして煮る。火を止め、できればそのまま一晩ほどおく。温めて器に盛り、オリーブオイル、黒こしょう各適宜をかける。

白菜の春巻き

白菜のステーキ グラタン仕立て

具はジューシーな白菜だけ

パルミジャーノであえた白菜を
皮で包んでパリッと揚げる。
白菜の新しい食べ方。

材料（2人分）

白菜　1/4株（約500g）
春巻きの皮　6枚
塩　ふたつまみ
パルミジャーノ・レッジャーノ　適宜
小麦粉　大さじ1
揚げ油　適宜
［アンチョビーマヨ］
アンチョビーペースト　大さじ1/2
マヨネーズ　大さじ1
こしょう　少々

① 白菜は繊維を断つように、せん切りにする。ボウルに入れて塩を加えてあえ、10分ほどおく。水けを絞り、パルミジャーノを削りながら加えてあえる。
② 別のボウルにアンチョビーマヨの材料を入れて混ぜる。
③ 春巻きの皮1枚にアンチョビーマヨを塗り、①の1/6量をのせて巻く。巻き終わりに小麦粉を水大さじ1/2で溶いたのりをつけて留める。残りも同様にする。
④ フライパンに揚げ油を入れて170℃に熱し、③を返しながらきつね色になるまで揚げて油をきる。器に盛る。

白菜はフライパンを動かさず、焼き色をつけて

甘みが増した旬の白菜を大胆に焼く。
仕上げはたっぷりのチーズで
グラタン風に。

材料（2人分）

白菜　1/4株（約500g）
アンチョビーペースト　小さじ1/2
ピザ用チーズ　適宜
オリーブオイル　大さじ2
［仕上げ］
塩
黒こしょう

① 白菜は軸をつけたまま縦半分に切る。フライパンにオリーブオイルを中火で熱し、白菜の断面に焼き色がつくまで焼く。
② アンチョビーペースト、水大さじ1を加えてペーストを溶かし、白菜にからめる。
③ ②を耐熱皿にのせ、ピザ用チーズを散らしてオーブントースターで焼き色がつくまで焼く（バーナーであぶってもよい）。
④ 器に③を盛り、塩、黒こしょう各少々をふる。

　［器］上／熊谷 峻　下／古谷宜幸

ねぎのオイル蒸し

蒸し焼きで素材の魅力を引き出す

オリーブオイルで蒸したねぎは
驚くほど甘い。
ミニトマトの酸味とうまみが
ベストマッチ。

材料（2人分）
ねぎ　1本
ミニトマト　5〜6個
塩　適宜
オリーブオイル　大さじ3
［仕上げ］
黒こしょう

① ねぎは長さ3〜4㎝に切る。ミニトマトはへたを取り、横半分に切る。
② フライパンにオリーブオイルを中火で熱し、ねぎの表面に焼き色がつくまでころがしながら焼いて塩をふる。
③ ミニトマトを加えてふたをし、弱火で5分ほど蒸し焼きにする。器に盛り、黒こしょうを適宜ふる。

［器］yumiko iihoshi porcelain

白ねぎとクリームチーズとしらすのアヒージョ

ささっと作れるワインのお供

ねぎととろけるクリームチーズ。
しらすの塩けがほどよくて、
食べだしたら止まらない。

材料（2人分）

ねぎ　1本
クリームチーズ　30g
しらす干し　15g
にんにく（つぶす）　1かけ
赤唐辛子の輪切り　1/2本分
塩　適宜
オリーブオイル　適宜
バゲットの薄切り　適宜

① ねぎは白い部分を長さ2cmに切る。
② スキレットに①、にんにくを入れ、クリームチーズをちぎって加える。オリーブオイルをひたひたに注ぎ、赤唐辛子、塩を加え、しらすをのせて中火にかける。
③ ねぎに火が通り、クリームチーズがとろりとしたら火を止める。バゲットをつけて食べる。

春菊とアボカドのサラダ

春菊とアボカドが絶妙にマッチ

春菊をアボカドと合わせて
韓国風に仕立ててみた。
ほろ苦さがアクセントになった
大人のやみつきサラダ。

材料（2人分）
春菊　1わ
アボカド　1個
スナップえんどう　10個ほど
［ドレッシング］
しょうゆ、ごま油　各大さじ2
酢　大さじ1と1/2
［仕上げ］
韓国のり（または焼きのり）
七味唐辛子

① 春菊は根元を落として葉を摘む。茎が柔らかければ縦に細く裂く（堅ければさっとゆでてから裂く）。氷水で洗い、ざるに上げて水けをきる。
② 鍋に湯を沸かし、へたと筋を取ったスナップえんどうを30～60秒ゆでる。水けをきり、斜め半分に切る。アボカドは種を取って皮をむき、1.5cm角に切る。
③ ボウルにドレッシングの材料を入れて混ぜる。
④ 器に①、②を盛り、③を回しかける。ちぎった韓国のり、七味を各適宜散らす。

［器］小野象平

春菊とかきのチヂミ

山盛りの春菊をしっかり押さえて焼き上げる

畑と海の幸をぎゅっと合わせたチヂミは、寒い冬ならではの味わい。春菊の苦みとかきのクリーミーさを楽しんで。

材料（直径約 20㎝のもの 3 枚分）

春菊　1 わ
かき（むき身）　12 個
ごま油　大さじ 2 ～ 4
［生地］
卵　1 個
小麦粉　70g
片栗粉　20g
豆乳（成分無調整）　120㎖
塩　少々
［仕上げ］
白いりごま
ポン酢しょうゆ

① ボウルにかきを入れ、片栗粉大さじ 1 ほど（分量外）をふりかけてかるくもむ。水がにごらなくなるまで洗い、ペーパータオルで水けを拭く。春菊は根元を落としてざく切りにする。

② ボウルに生地の材料を入れて混ぜ合わせ、春菊を加えてさっくりとあえる。

③ 直径 20㎝のフライパンにごま油大さじ 2 を中火で熱し、②の 1/3 量を薄く流し入れる。かき 4 個をのせる。焼き色がついたら返し、裏面にも焼き色がつくまで焼く。残り 2 枚も同様にして焼く。

④ 器に盛り、白ごまを適宜ふる。ポン酢しょうゆをつけて食べる。

無限水菜

グラタンドフィノワ

水菜は水けをしっかりときって

シャキッとした歯ざわりの水菜に
梅干しの酸味がからみ、
食べはじめると
やめられなくなるおいしさ。

材料（2人分）
水菜　1/2 わ（100g）
ちりめんじゃこ　10 〜 15g
オリーブオイル　大さじ 1
[ドレッシング]
梅干し（小）　2 個（または大 1 個）
しょうゆ　小さじ 1
鶏ガラスープの素（顆粒）　小さじ 1/2
ごま油　大さじ 2
[仕上げ]
刻みのり
糸唐辛子

① 水菜は冷水で洗ってしっかりと水けをきり、長さ 3㎝に切る。
② フライパンにオリーブオイルを中火で熱し、ちりめんじゃこをカリカリになるまで炒める。
③ 梅干しは種を除いてたたき、残りのドレッシングの材料とともにボウルに入れて混ぜる。①を加えてあえ、器に盛る。②を散らし、刻みのり、糸唐辛子を各適宜のせる。

じゃがいもを生のまま重ねて焼くだけ

じゃがいもを生クリームで
焼き上げたグラタン。
リッチでクリーミーな
味わいが口いっぱいに広がる。

材料（2人分）
じゃがいも（中）　3 個
生クリーム　200㎖
ピザ用チーズ　好きなだけ（50g 〜）
バター（角切りにする）　20g
ローズマリー　適宜
塩、こしょう、オリーブオイル　各適宜

① じゃがいもは皮をむいて幅 1.5 〜 2㎜に切る。
② 耐熱皿に①適宜を敷きつめて塩、こしょう各少々をふり、生クリーム適宜を回しかける。①がなくなるまで同様に繰り返し重ねる。(チーズたっぷりが好きなかたはチーズをはさんでも OK)。ピザ用チーズ、バターを散らし、ローズマリーをのせてオリーブオイルを回しかける。
③ 220℃に予熱したオーブンで 30 分ほど焼く。

　[器] 上／小野象平

カリフラワーのステーキ

たまには野菜のステーキをメインに

カリフラワーは焼くと化ける。
ほっくり感に甘さと香ばしさが加わって
とっておきのごちそうに。

材料（2～3人分）

カリフラワー　1株
塩　適宜
レモン汁　少々
バター　10g
サラダ油　大さじ2
［仕上げ］
黒こしょう
パルミジャーノ・レッジャーノ

① 耐熱の器に3等分に切ったカリフラワー、塩少々、レモン汁を入れてふんわりとラップをかける。電子レンジで2分30秒ほど加熱する。粗熱が取れたら塩ひとつまみをふる。

② フライパンにサラダ油を弱めの中火で熱し、①をころがしながらこんがりとするまで焼く。

③ 余分な油をペーパータオルで拭き、バターを加えて全体にからめる。器に盛り、黒こしょう、パルミジャーノ各適宜をふる。

［器］八田 亨

ブロッコリーとじゃがいものチーズガレット

ブロッコリーは芯まで刻んでまるごと食べる

2つの野菜を
チーズとともに薄く焼く。
外はカリッと、
中はほくほくの一皿。

材料（直径約 20㎝のもの 2 枚分）

ブロッコリー　1/2 株
じゃがいも　1 個
パルミジャーノ・レッジャーノ　15g
小麦粉、片栗粉　各大さじ 1/2
塩　適宜
オリーブオイル　大さじ 1
［仕上げ］
パルミジャーノ・レッジャーノ

① ブロッコリーは房と茎に分ける。茎は厚めに皮をむき、それぞれみじん切りにする。

② じゃがいもは皮をむいてせん切りにし、塩をふって 3 ～ 5 分おき、水けを絞る。

③ ボウルに①、②、パルミジャーノ、小麦粉、片栗粉を入れて混ぜる。

④ 直径 20㎝のフライパンにオリーブオイル大さじ 1/2 を中火で熱し、③の 1/2 量を薄く流し入れる。焼き色がついたら返し、裏面にも焼き色がつくまで焼く。残りも同様にして焼く。器に盛り、パルミジャーノを適宜ふりかける。

大根といかの梅サラダ

大根といか。似た見た目の異なる味わいを合わせる

シャキシャキの大根と
いかの食感が混ざり合う。
さっぱりとした、畑と海のコラボサラダ。

材料（2人分）
大根　1/4本
いか（刺し身用・細切り）　40～50g
［ドレッシング］
梅干し（中）　1個
はちみつ　大さじ1
塩昆布　小さじ1/2
ポン酢しょうゆ　大さじ1
サラダ油　大さじ1
［仕上げ］
青じその葉のせん切り
ぶぶあられ

① 大根は皮をむき、せん切りにして水にさらし、水けをきる。
② 梅干しは種を除き、はちみつ、塩昆布と合わせて包丁でたたく。ボウルに入れ、残りのドレッシングの材料を加えて混ぜる。
③ 別のボウルに大根、いかを入れ、②を加えてあえる。器に盛り、あられ、青じそを各適宜のせる。

［器］荒賀文成

大根ステーキ、あおさバターソース

おでんだねの大根を使うのもおすすめ

だしを吸い込んだ大根をじっくりと焼き、
磯風味のバターソースで。
「究極の大根料理」といっても過言ではない。

材料（2人分）

大根　1/3本
バター　適宜
米　大さじ1
めんつゆ（4倍濃縮）　50mℓ
みりん　大さじ1と1/2
あおさ（または青のり）　適宜
すだちの絞り汁　少々
[仕上げ]
すだちの皮
穂じそ

① 大根は幅3cmに切り、厚めに皮をむいてからピーラーなどで角を落として面取りをする。断面に、格子状の切り込みを入れる。

② 鍋に①、米、かぶるくらいの水を入れて中火にかけ、大根に竹串がスッと通るようになるまで10～15分煮る。

③ 別の鍋にめんつゆ、みりんを入れ、水300mℓで割る。②を入れて中火にかけ、30分ほど煮る。

④ ③の大根を取り出し（煮汁はとっておく）、表面の水けを拭く。フライパンにバターを弱火で溶かし、中火にして大根の両面に焼き色がつくまで返しながら焼く。大根の煮汁30mℓ、あおさを加えてなじませ、すだちの絞り汁を加える。

⑤ ④を汁ごと器に盛り、しごいた穂じそ、すりおろしたすだちの皮を各適宜ふりかける。

[器] 水谷和音

ほうれん草とスモークサーモンのごまあえ

くんせいの香りとくるみがほうれん草に合う

甘いほうれん草に
スモークサーモンの塩けがベストマッチ。
ごまとくるみが異なる
素材を調和させる。

材料（2人分）

ほうれん草　1わ
スモークサーモン（なければ
　薄切りのサーモンの刺し身）　50g
くるみ（生）　20g
ごまドレッシング（市販）　大さじ2
白だし、ごま油　各小さじ1
白すりごま　大さじ1

① 鍋に湯を沸かし、ほうれん草を根元から入れてさっとゆでる。氷水にさらしてさまし、水けをしっかりと絞る。長さ4～5㎝に切る。

② くるみはフライパンでからいりしてから粗く刻む。スモークサーモンは一口大に切る。

③ ボウルに①、②、残りのすべての材料を入れてあえ、器に盛る。

［器］古谷朱里

ほうれん草とあさりのチーズスープ

クリームチーズでまったり濃厚に

ほうれん草とあさりのうまみが溶けた
クリーミーな「食べるスープ」。
チーズのこくが味に奥行きを生む。

材料（2人分）

ほうれん草　1/2 わ
あさり（砂抜きしたもの）　150g
白ワイン　1/4 カップ
牛乳　3/4 カップ
みそ　大さじ 1/2
クリームチーズ　大さじ 2
塩　適宜
オリーブオイル　大さじ 1
［仕上げ］
オリーブオイル
黒こしょう

① 鍋に湯を沸かし、ほうれん草を根元から入れてさっとゆでる。水にさらしてさまし、水けをしっかりと絞る。長さ 3㎝に切る。

② 鍋にオリーブオイルを中火で熱し、あさりを炒める。白ワインを加えてふたをし、あさりの口が開くまで蒸し煮にする。

③ 牛乳を加えて沸騰直前まで温める。みそ、クリームチーズを溶かし入れ、ほうれん草を入れて、塩で味をととのえる。器に盛り、オリーブオイル少々を回しかけ、黒こしょうを適宜ふる。

せりとぶりのカルパッチョ

根っこごとせりの野趣をたっぷり味わう

香り高いせりは、
「和のハーブ」と呼べるだろう。
冬が深まるほどにおいしくなるぶりが、
刺し身とはまた違う一皿に。

材料（2人分）

せり　1/2束（50g）
ぶり（刺し身用）　8切れ
すだち　1個
にんにくの薄切り　1かけ分
塩　適宜
こしょう　少々
オリーブオイル　大さじ2

① せりは根と茎、葉に分ける。根は粗いみじん切りに、茎は小口切りに、葉はせん切りにする。すだちは半分に切り、1/2個は薄い半月切りにする。ぶりは盛りつけの直前まで冷蔵庫に入れておく。

② フライパンにオリーブオイル大さじ1を中火で熱し、にんにく、せりの根を入れてこんがりとするまで揚げる。油をきって塩少々をふる。

③ 器にぶりを並べ、塩ふたつまみ、こしょうをふる。半月切りにしたすだちをのせ、残ったすだちを絞りかける。オリーブオイル大さじ1を回しかけ、せりの葉と茎をのせる。②を散らす。

せりと揚げ餅のそば

いつもとひと味違う年越しそばにおすすめ

仙台名物のせり鍋をそばにアレンジ。
だしを吸った揚げ餅の甘さと
せりのほろ苦さが絶妙。

材料（2人分）

せり　1束
そば（乾燥）　160g
切り餅　2個
めんつゆ（またはそばつゆ）　適宜
塩　少々
揚げ油　適宜
［仕上げ］
すだち

※根が残っているものは好みでしっかり洗ってそのまま使うのがおすすめ。

① せりは根元を落とし※、葉と茎に分けてそれぞれ長さ5〜6cmに切る。切り餅は一口大に切る。
② フライパンに少量の揚げ油を熱し、餅を返しながら揚げ焼きにする。色づいてふくらんできたら取り出し、かるく塩をふる。
③ 鍋に湯を沸かし、そばを袋の表示どおりにゆでてざるに上げ、水けをきる。
④ 別の鍋にめんつゆを入れ、表示の水で割り、660mℓのだしつゆを作る。中火にかけ、煮立ったらせりの茎、葉を順にさっと（30秒ほど）ゆでて取り出す。
⑤ 器に③、②、④のせりの順に盛る。④のつゆをかけて半分に切ったすだちを添える。

あんぽ柿のクリームチーズ詰め

濃厚な食材を合わせて、リッチな味わいに

凝縮した甘さのあんぽ柿に
クリームチーズを詰める。
少しずつスライスしてめしあがれ。

材料（3～4人分）
あんぽ柿　4個
クリームチーズ　40g
くるみ（ロースト）　30g
［仕上げ］
塩（粒が粗めのもの）

※なければスプーンで入れてもよい。

① あんぽ柿は身に縦に1本切り込みを入れ、へたを落とさないようにしながらていねいに左右に開く。
② ボウルにクリームチーズ、粗く刻んだくるみを入れ、なめらかになるまで混ぜる。
③ ②を絞り袋※に入れて①の切り込みの中に絞り、かるく握りながら切れ目を閉じる。冷蔵庫に入れて30分ほどおく。
④ 薄切りにして器に盛る。好みで塩1粒を断面にのせて食べる。

［器］TOKINOHA

みかんとかぶのモッツァレラサラダ

彩り鮮やかな冬のフルーツサラダ

甘酸っぱいみかんと
スライスしたみずみずしいかぶ。
そこへクリーミーな
モッツァレラを合わせて。

材料（2人分）
みかん　1個
かぶ　1個
モッツァレラチーズ　50g
［マリネ液］
塩、こしょう　各適宜
酢　少々
オリーブオイル、はちみつ　各大さじ1/2

① みかんは皮をむき、食べやすい大きさに切る。かぶは皮をむいて（生で食べるので）、幅2～3㎜の薄い輪切りにする。
② ボウルにかぶを入れ、マリネ液の材料を加えて10分ほどおく。
③ ①のみかん、大きめにちぎったモッツァレラチーズを②に加えてさっくりとあえて、器に盛る。

［器］古谷宜幸

Shunレシピで使用している器

当たり前のことですが、
盛りつける器しだいで
料理の印象は大きく変わります。
料理を生業にするようになって、
あらためてそのことに気がつきました。
以来、大の器好き。
気になる作家さんの個展に出向いたときも、
行きつけの器屋さんでも、
まだ見ぬすてきな器がないかと
目を光らせています。
ここに紹介する器以外にも、
レシピページには使用した器の
作家名をご紹介しているので、
ぜひご注目ください。

小野象平

（おのしょうへい）

雑誌で特集されていたのを見かけたとき、夜空、もしくは宇宙空間のような雰囲気の器に目を奪われました。この複雑な色合いは、3回も4回も焼きを重ねているからこそ出るものなのだそう。野菜の色がとてもきれいに見える器です。

https://shoheiono.com

@shoheiono10181018

古谷宣幸・古谷朱里

（ふるたにのりゆき・ふるたにあかり）

展覧会で目に留まり、お話しさせていただいたのがきっかけで、その後も交流があります。滋賀県・信楽で作陶されているご夫婦。深緑の器が朱里さんの作品、その他２つは宣幸さん。作風は違いますが、「暮らしの中で使って楽しい器を」というのが共通の信条とのこと。

@furutani_noriyuki
@furutani_akari

和田山真央

（わだやままさひろ）

青や黄色、緑の釉薬のグラデーションがきれいな和田山さんの器。黄緑色の平皿には、緑の野菜サラダを盛り、グリーン×グリーンの重なりを楽しみたいと思って購入しました。磁土を用いていて硬く、ふだん使いしやすいんです。

@masahirowadayama

冨部咲喜子
（とみべさきこ）

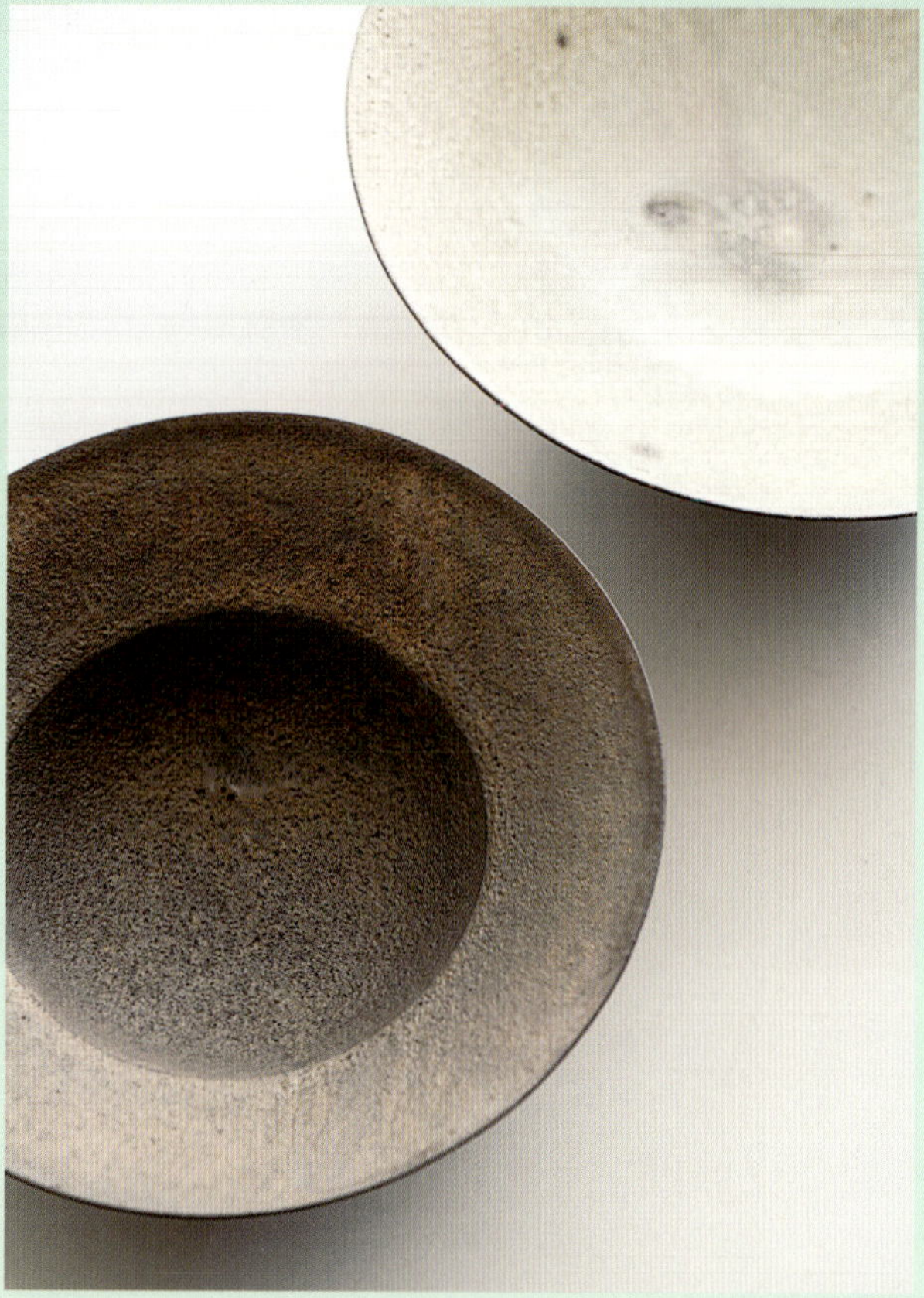

京都で作陶されている作家さんです。薄くて軽く、繊細な冨部さんの器に盛ると、料理が洗練された印象になります。茶色の中鉢は、サラダはもちろんスープや煮ものなど汁けがある料理も盛りやすく、ざらついた鉄釉とリムの雰囲気が気に入っています。

@onko_chishin

Astier de Villatte
（アスティエ・ド・ヴィラット）

フランスのとても有名なブランドですが、じつはパリで出会うまでは知りませんでした。青みがかった白、日本の器にはないたたずまいに衝撃を受けて。悩んだすえ、使いやすいサイズの平皿を１枚購入し、割れないように大事に持ち帰ったのはいい思い出です。

https://adv-j.com/
@astierdevillatte

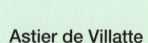

yumiko iihoshi porcelain

(ユミコ イイホシ ポーセリン)

器作家のイイホシユミコさんが、自身の作品をプロダクト化したブランド。デパートやライフスタイルショップなどでもよく見かけます。マットな青やグレーなどのカラーが人気ですが、僕はあえて、白のオーバル皿を選びました。

https://y-iihoshi-p.com/

@yumikoiihoshiporcelain

古谷製陶所

(ふるたにせいとうじょ)

滋賀県・信楽にアトリエとギャラリーを構える工房。買いやすい価格で、写真のりんごの小鉢のようにかわいらしい雰囲気のものもたくさんあります。おばんざい風のおかずなど家庭料理によく合うので、わが家の食卓でも大活躍中です。

https://furutani.handcrafted.jp/

@hirokazu _furutani

Shun

フードクリエイター。京都調理師専門学校卒業後、フランス料理店で経験を積むも、20 歳のときに左手の麻痺を発症し、料理人としての現場から離れる。「心を満たす一皿」をテーマに、2023 年 9 月に Instagram アカウントを開設。少ない食材とシンプルな工程でありながら、新鮮さと美しさが光る野菜料理が評判を呼び、瞬く間に人気アカウントへと成長。現在、フォロワーは 40 万人を超える。レシピの発信にとどまらず、飲食店や企業のプロデュース、企画、マーケティングなど、多岐にわたり活躍中。

@shun_foodcreator

料理・撮影（P36〜55、P58〜77、P82〜101、P104〜123）＿ Shun
ブックデザイン ＿ 米持洋介（case）
編集・構成 ＿ 加藤洋子
撮影 ＿ 伊藤徹也（カバー、帯、P2〜34、56、78〜80、102、124〜128）
校正 ＿ みね工房
編集担当 ＿ 井上留美子

自分史上、最高にうまい
人生を変える 野菜料理

Shun

2024 年 12 月 24 日　第1刷発行

発行人　鈴木善行

発行所　株式会社オレンジページ
〒108-8357
東京都港区三田 1-4-28　三田国際ビル
電話　03-3456-6672（ご意見ダイヤル）
　　　048-812-8755（書店専用ダイヤル）

印刷・製本　株式会社光邦
Printed in Japan

© ORANGEPAGE / Shun 2024

ISBN978-4-86593-707-7

・ 定価はカバーに表示してあります。
・ 本書の全部または一部を無断で流用・転載・複写・複製することは著作権法上の例外を除き、禁じられています。また、写真撮影・スキャン・キャプチャーなどにより、無断でネット上に公開したり、SNS やブログにアップすることは法律で禁止されています。
・ 万一、落丁・乱丁がございましたら、小社販売部（048-812-8755）にご連絡ください。送料小社負担でお取り替えいたします。